대학 행정
무엇이 문제인가?

원종하 · 이대희 지음

도서출판 선영사

머 리 말

지금 우리는 정부와 그 산하 단체, 기업과 금융 기관, 학교와 언론 기관 등의 모든 조직들이 구조 조정이란 이름의 격렬한 개혁의 열풍이 휩싸여 있다. 지난 반세기 동안 상아탑이란 이념의 보호막 아래 절대적 공급 우위의 위치에 서 있던 대학도 이제는 격렬한 변화의 충격에 휘감기게 되었다.

1980년대쯤부터 "대학, 이대로는 안 된다", "대학도 변해야 산다"는 구호가 시작되더니, 1990년대에 들어서서는 "대학도 무너질 수 있다"로 바뀌고, 작년에는 "대학이 무너졌다"는 이야기를 들었다. 지금까지의 대학은 간판만 달면 학생이 몰려오는 철저한 공급자 중심의 시장이었고, 대학의 모든 조직과 관리는 이 바탕 위에서 계획되어졌다.

그러나 이 시장 구조가 급격히 변하고 있다. WTO체제에 따른 국제 경제 질서 개편, 복수 지원제로 인한 신입생 예측의 불확실성 증가, 대학 설립 요건의 완화와 입시생의 감소, 각종 교육 규제 완화와 대학 평가 등으로 인해 대학이 치열한 경쟁 속으로 돌입하여

한 치 앞을 예측할 수 없는 상황에 놓여 있다. 이렇듯 우리의 사회적 환경 변화는 국제 경쟁력 강화, 즉 개방 시대, 지구촌 시대로 이행되어 가고 있는 것이다.

또한 대학 지원자 수는 기본적으로 중·고 재학생수 변화와 흐름을 같이하고 있는데, 2003년도에 가면 학생 수가 절대적으로 감소하여 지금까지의 상황이 역전되는 것으로 나타나고 있다.

이렇게 되면 대학에 따라서는 정원을 축소하는 대학도 생길 것이고, 인접 대학과 합병·운영하는 대학도 생길 것으로 예측된다.

뿐만 아니라 대학 개혁의 박차를 가하고 있는 것이 대학의 평가이다. 현재 한국대학교육협의회의 대학 평가 인정제, 교육부 교육개혁 추진 우수 대학 평가, 중앙일보사가 실시하는 대학 평가 등 여러 가지 평가가 실시되고 있다. 그 결과 대학간의 새로운 등위를 매기게 되고, 사회에서 대학을 바라보는 이미지가 달라지기 때문에, 대학의 입장에서는 어떠한 수단을 써서라도 평가를 잘 받기 위해 최선의 노력을 다 할 것이다.

이렇듯 국·내외 환경은 대학의 책무성 이행과 생산성 증대를 강조하고 있으며, 이는 대학 구성원 모두가 자신의 책임을 성실히 이행하고 생산성을 제고하도록 요구하고 있다. 대학 구성원이 책임을 성실히 수행하기 위해서는 그의 성취 및 능력 등이 현재와 미래의 요구에 적절해야 하고, 생산성을 증대하기 위해서는 인적 자원의 활용 및 관리가 체계적이고 합리적이어야 한다.

대학의 인적 자원은 행정가·교원·직원으로 구성되어 있다. 행정가인 총장 → 부총장을 정점으로, 교원은 학장 → 학부장 또는 학과장 → 일반 교수의 체계로 학문 조직을 구성하고, 직원은 처장 → 과장 → 계장 → 일반 직원의 체계로 행정 조직을 구성한다. 대학의 구성원은 이처럼 매우 이질적이며 다양하다. 이들 중에서 교수는 교육과 연구의 직접적인 주체가 되며, 행정 직원은 교수와 학생의 교육 및 연구 활동이 원활하게 이루어지도록 지원·조정하며, 다른 한편으로는 대학 조직 자체의 관리 및 운영을 도모하는 역할을 하고 있다.

오늘날 대학의 현실을 볼 때 대학 교육의 규모가 방대해지고, 그 내용이 복잡해짐에 따라 대학 교육을 지원하고 보조하는 대학 행정의 중요성이 부각될 수밖에 없는 상황에 놓여 있다. 이러한 환경 하에서 행정 직원이 대학에서 차지하는 비중이 점점 커지고, 또 그 역할 역시 확대됨에 따라 종래와 같이 단순히 교수와 학생을 보조해 주는 부수적인 역할만이 아니라, 대학 교육의 목표 달성을 위해 교육의 제반 조건을 정비하고 확립하는 등 전문적으로 대학 행정을 담당하는 존재로 인식되어 가고 있다.

이제 우리 나라의 대학들도 공급 독점의 지위 속에서 경쟁이 없는 무풍 지대에서 안주하던 시대는 지났다. 이제는 소비자 지향의 개방적 경쟁 구조 속에서 살아 이길 수 있는 새로운 체질로의 개혁이 불가피하다. 이에 비록 이러한 문제점이 사소한 것일지라도 소비자는 작은 것에 감동한다는 기본적인 사고 속에서 논의해 보고자 한다.

필자가 대학 생활에서 느꼈던 문제점들을 행정 중심에서 살펴보고, 최소한의 대안을 제시하고자 아래와 같이 일곱 장으로 나누어 보았다.

제1장에서는 대학 행정 직원의 위상과 역할에 대하여 다루었다. 대학 행정은 기본적으로 대학의 고유 기능인 연구와 교육이 충실하고 원활하게 수행되도록 지원하는 서비스 기능이다. 따라서 대학이 고유 기능을 보다 효율적으로 수행할 수 있도록 행정의 비효율적인 요인을 제거하여 내외적으로 경쟁력 있는 행정, 급속히 변화하는 사회 환경에 적응할 수 있는 행정, 장기적 관점에서 효율성이 높은 행정이 되어야 한다.

대학 행정이란 앞에서도 언급했듯이 교육을 지원하는 것이므로 비가시적이고 추상적이며, 또한 대학 조직은 일반 행정 조직이나 사기업 조직과는 그 기본 목표나 구성에 있어도 특성을 가지고 있다. 즉, 대학 조직의 목표는 사기업체에서 볼 수 있는 이윤 추구나 행정 조직에서 볼 수 있는 공공 봉사와는 달리, 진리의 발견 내지 전달이다.

이러한 구조 속에서 대학 교육에 기여하는 교직원의 역할을 좀더 평가해야 한다고 믿는다. 왜냐 하면 교직원의 의식이 침체되어 있으면 어떠한 대학 개혁의 프로그램도 효력을 발휘하기 어렵기 때문이다. 그런 의미에서 대학 운영의 또 하나의 주역은 교직원이라 해도 과언이 아니다. 따라서 본장에서는 대학 행정 및 대학 행정의 특성과 교직원의 역할에 대하여 알아보았다.

제2장에서는 거꾸로 가는 대학으로서 최일선에서 학생들을 대하는 교직원들이 어떻게 달라져야 하는지를 작은 사례들을 통해 이야기하고, 그에 따른 대안을 제시했으며, 제3장에서는 지역 사회와

대학의 관계에 대한 이야기로 대학의 3대 기능 중 봉사 기능을 충실히 하기 위해 지역 사회와 어떠한 관계를 가져야 하는지를, 제4장에서는 제도 개혁으로서 대학형 팀제, 연봉제 도입을 위해서는 인사 고과와 같은 평가가 객관화되어야 하는데, 여기에 따른 인사 제도의 혁신 등을 다루면서 이에 따른 대학에 맞는 제도를 제안하고 있으며, 제5장에서는 오늘날 날로 문제가 되고 있는 환경에 대해 대학에서 할 수 있는 실천 항목을 제시함으로써 다 함께 참여할 것을 논의했다. 또한 제6장에서는 대학도 홍보해야 하는 시대인 만큼 대학 홍보의 문제점을 지적했으며, 마지막으로 제7장에서는 제도나 모든 것들이 사람이 변하지 않으면 무의미하다는 입장에서 대학 구성원으로서의 의식 개혁에 대해 집중적으로 조명해 보았다.

대학이 급변하는 환경에 능동적으로 적응하고 발전해 나가기 위해서는 무엇보다도 먼저 대학 구성원의 의식 개혁이 선행되어야 한다. 대학은 어느 조직보다 구성원의 성숙도가 높다는 점에서 오히려 변화를 적극적으로 수용하려는 의지가 약할 수도 있으며, 때로는 각 구성원의 이기주의가 성장의 저해 요인으로 작용하기도 한다. 외부 환경으로부터의 타율적인 구조 조정에 앞서 대학이 바라는 시대적·사회적 수요를 스스로 수용해 나가는 적극적인 자세가 요구되는 시점이다.

이 책의 집필에는 필자가 대학 내의 교육개혁위원회 위원으로 참여하면서 얻은 경험과 선학들의 제작 논문을 위시하여 많은 교육 관계 논문 및 출판물 등에서 가르침을 받았다.

끝으로 이 책이 오늘날의 대학 현실을 개혁하는 데 조금이나마 도움이 되고 학생 서비스를 위한 귀중한 자료가 된다면 저자로서는 큰 영광이 아닐 수 없다. 또한 어려운 여건에서도 출판을 쾌히 승낙해 주신 선영사 김영길 사장님께 감사의 말씀을 드린다.

1999년 1월
어방골에서 원종하·이대희

목 차

머리글 …… 3

제1장 대학 행정 직원의 위상과 역할
1. 대학 행정이란? …… 15
2. 대학 행정 조직의 특성은? …… 19
3. 대학 행정 직원의 역할 …… 23

제2장 거꾸로 가는 대학
1. 예절바른 사람이 일도 잘 한다 …… 31
2. 웃으며 인사하자 …… 35
3. 교직원은 학생의 모델이다 …… 38
4. 학생을 마음으로부터 귀하게 대하라 …… 42
5. 학생의 1초를 존중하자 …… 45
6. 자취·하숙방 중개 복덕방을 만들자 …… 48
7. 교내 전화기를 늘리자 …… 51
8. 옷에도 인격이 있다 …… 53
9. 안내자는 대학의 얼굴 …… 55

10. 교직원 실명제를 실시하자 …… 58
11. 학사 고충 상담 센터를 설치하자 …… 60
12. one-stop 행정 서비스 체계화 …… 64
13. 대학 내의 자동차 문화 …… 67

제3장 지역 사회와 대학

1. 지역 사회가 필요로 하는 대학이 되라 …… 73
2. 실리콘 밸리는 그냥 만들어지지 않았다 …… 77
3. 실리콘 벨리의 금언 …… 83
4. 스탠퍼드 대학도 지역 사회와 함께 했다 …… 88
5. 산·학·관 협력 강화 절실하다 …… 93
6. 산·학·연 활성화 필요하다 …… 96
7. 지역 사회에 봉사하기 위해 무엇이 필요한가? …… 107

제4장 제도 개혁과 대학

1. 대학형 팀제를 만들자 …… 117
2. 대학 행정 직원 인사 고과 제도의 문제점은? …… 112

3. 대학 행정 직원 인사 고과 제도의 성공 요인은? …… 137
4. 대학 관료제의 병리 현상 …… 152
5. 전산화, 효율적 추진 필요하다 …… 162
6. 대학 행정 공개하자 …… 164

제5장 대학과 환경

1. 낙동강 살리기 운동, 대학이 나섰다 …… 171
2. 캠퍼스도 환경 문제 심각 …… 174
3. 환경 게시판을 만들자 …… 177
4. 대학에서 할 수 있는 나무사랑 …… 179
5. 1회용품, 사용 억제하자 …… 183
6. 폐지의 재활용 …… 186
7. 폐합성수지 잘 썩지 않는다 …… 189
8. 포장 쓰레기 줄일 수 있다 …… 192
9. 먹고 남긴 음식물 쓰레기 이대로 좋은가? …… 196
10. 자동차 이야기 …… 198
11. 환경 문제, 근검 절약 정신으로 해결하자 …… 202
12. 휴지·담배 꽁초·껌을 버리지 말자 …… 205

13. 환경 교육 필요하다 …… 208

제6장 대학과 홍보

1. 대학도 홍보해야 살아남는다 …… 213
2. 도우미를 활용하자 …… 216
3. 전 구성원의 홍보 요원화 …… 219
4. 기자를 편하게 해 줘라 …… 222

제7장 의식 개혁과 대학

1. 자기 분야에 전문가가 되라 …… 227
2. 위기 의식을 가져라 …… 231
3. 유연성을 길러라 …… 235
4. 섬김의 자세를 가져라 …… 238
5. 자기 계발에 게을리 말라 …… 241
6. 원가 개념을 가져라 …… 244

참고 문헌 …… 247

제 1 장
대학 행정 직원의 위상과 역할

1
대학 행정이란?

대학은 국가와 인류 사회 발전에 필요한 학술의 심오한 이론과 그 광범하고 정밀한 적응 방법을 교수·연구하며, 대학생들에게 지도자적 인격을 함양시키는 것을 근본 목적으로 하고 있는 하나의 고등 교육 기관이다. 따라서 대학은 초·중등 교육과 달리 고급 교육 서비스를 생산하고 이를 피교육자로 하여금 소비하게 하는 고등 교육 기관으로서, 새로운 지식을 창출·보급하는 선도 기관으로서의 역할과 기회가 필요로 하는 인재의 양성처이다. 또한 사회 발전을 위한 여론 형성 기관으로서의 봉사 기관적 성격을 가지고 있다. 대학 행정은 이러한 목적을 달성할 수 있게 하기 위해 그 운영에 관한 계획을 수립하고, 조정·집행하며, 필요한 인적·물적 자원 조달 및 관리하는 과정과 절차를 말한다.

다시 말해 대학 행정이란 교육·연구·봉사라는 대학의 사회적 기능을 원활히 수행하기 위해 대학의 목표를 합리적으로 설정한 뒤, 그 목표 달성에 필요한 인적·물적 자원을 적절히 확보·배분하고 능률적으로 운영함으로써 효과적 교육 목표를 달성시키려는 일련의 봉사 활동이라 할 수 있다. 또한 이에 요구되는 조직을 적절히 구조화하면서 업무에 맞는 인원을 충원한 뒤, 조직 구성원들로 하여금 권한과 책임을 갖고 주어진 업무를 집행케 하며, 그 성과를 평가하는 행정 관리 체계를 의미하는 것이다.

대학 행정의 개념은 크게 광의와 협의로 나누어 설명할 수 있다. 광의의 대학 행정은 사회적·공공적 및 조직적 활동으로서의 대학 교육에 관하여 공동 목표를 설정하며, 그 목표를 달성하는 데 필요한 인적·물적 조건을 정비·확립하고, 지도·감독하는 일체의 봉사적 활동을 말하는 것이다. 이 개념은 국가 지방 공공 단체, 그리고 대학의 교육을 유지·발전시키기 위해서 상호 협동적으로 행하게 되는 활동을 포함하는 것이라 할 수 있다. 협의의 대학 행정은 대학 내에 행정가(총장·학장·처장)와 그 구성원(학생·교수·직원)이 국가와 지역 사회, 그리고 구성원들의 교육적 필요와 욕구를 기초로 하여 대학의 교육 목표를 설정하고, 그 목표를 달성하기 위하여 인적·물적 자원을 확보·배분하고 관리·집행·감독하는 일련의 과정과 절차를 뜻한다. 이와 같은 협의의 대학 행정은 대학의 경영과 관리라는 의미로 보는 것이다.

이러한 대학 행정은 보조적 관리 기능과 실질적 관리 기능을 동시에 지니는 복합적 내용과 성격을 지닌다 할 수 있다. 보조적 관리 기능이란, 교수가 가르치고 연구하며 봉사하는 것을 지원하는 것을 주요 임무로 한다. 책임적 관리 기능이란, 대학의 정책 형성

과정에는 대학의 여러 하위 체계와 환경에서 많은 구성원들과 요인들이 작용하고, 많은 판단과 주장이 대립할 뿐 아니라, 대학 행정이 관리하는 제 자원은 한정성을 가지고 있기 때문에, 이들 판단과 주장은 자원의 배정을 위하여 서로 경쟁할 수밖에 없다. 이와 같은 판단과 주장을 대학의 공식적 결정으로 유도할 수 있는 것이 대학 행정의 실질적 관리 기능이라 할 수 있다.

 두 기능의 조합 형태와 정도는 경우에 따라 다룰 수 있는데, 어떤 경우에는 두 기능 가운데서 한 기능만이 작용하고, 다른 경우에는 두 기능이 함께 작용하기도 한다. 이와 같은 대학 행정의 이중적 관리 성향은 관리 구조와 사회 심리적 관계에서도 나타난다. 교수는 대학의 교육·연구 체제를 수평적 인간 관계, 자발적 동의와 협력 등 공동체적 성격에 비중을 두어 학문적으로 각자가 권위 정점을 이루며, 자율성·민주성 등의 가치를 강조하는 경향이 있으며, 행정 직원은 권한과 책임의 계급, 공식적 규칙의 적용, 문서에 의한 작업 능력과 업적에 따른 분업과 배치 등 관료 조직체적 성격에 비중을 두어 그들의 신분상·직분상의 관료적 권위를 찾으며, 능률성과 합법성에 가치를 추구한다.

 또한 대학 구성의 한 집단인 학생은 이중적 지위 또는 역할을 의식하며, 경우에 따라서는 그들의 지위와 역할을 선택적으로 인식한다. 배우는 제자로서의 학생은 교수 앞에서 인격적 상하 관계를 수용하지만, 대학 행정 대상으로서의 그들은 관리적 계층 관계를 거부하는 경향을 보인다. 대학의 교육과 봉사를 구입하는 고객으로서의 그들은 수평적 대등 관계를 의식하고 행동하며, 주인으로서의 그들은 대학 행정에 대하여 때로는 대학 구성원과 동등한 역할을 주장하며 행동한다.

 이와 같은 관리 및 형태 구조의 복합성 때문에 대학 행정의 모든 국면에서 마찰과 갈등이 일어나게 마련이다. 크게는 대학의 목적과 기능의 해석과 선택으로부터, 작게는 집행 행위의 기획에 이르기까지 갈등 관계를 벗어난 관리 행위는 거의 없다. 이것이 대학 행정의 본질적 특성이다.

 결론적으로 대학 행정은 각기 기능을 달리하는 교수·학생·직원이 각자의 역할을 효율적으로 수행할 수 있도록 조직화하고 지원하는 수단이다.

2
대학 행정 조직의 특성은?

　대학을 능률적으로 운영하고 그 과정에서 파생되는 운영상의 문제들을 합리적으로 해결하기 위해서는 먼저 대학의 조직적 특성들을 이해할 필요가 있다.

　대학 행정 조직은 하나의 고등 교육 조직으로서 기업체나 정부 등의 일반 조직과는 다른 고유의 특성들을 갖는데, 에치오니(A·Etzioni)가 분류한 조직의 유형, 즉 강제적 조직·공리적(보수적) 조직·규범적 조직 중 대학은 규범적 조직(normative organization)에 속하며, 규범적 조직은 조직에 대한 구성원들의 도덕적 관여를 그 특징으로 하여, 조직 구성원의 통제 수단으로써 상징의 조직과 할당에 의존한 규범적 권력을 사용하는 규범적 가치에 의해 결속되는 조직이다. 따라서 규범적 조직에 속하는 대학은 구성원의 통제 수단으로써 규범적 권력을 사용할 때만 대학 구성원 통제에 효과적이고, 조직 구성원의 헌신적 관여를 유도할 수 있다.

그러나 대학 행정 조직은 이와 같은 유형론적 특성 외에도 전문가적 조직으로서의 특성도 지니고 있다. 대학에는 일반 조직과 달리 단순한 행정적 권위만으로는 관리할 수 없는 전문성이 강하게 내재해 있다. 이러한 점에서 대학 조직의 업무는 고도의 전문 직업주의에 의존해 이루어지며, 대학 구성원 중 다수는 세분화된 전문인들로 구성되어 있다. 대학 행정 조직의 운영에서 구성원들의 자율성이 강조되는 이유도 여기 있는 것이다.

이러한 전문가 조직의 특성이 내재함으로써 대학은 하나의 단순한 위계 조직체가 아니라, 교수·학생·행정 직원 등 복합적이고 다원적인 집단들이 각기 대학의 주인임을 자처하면서, 서로 영향력을 행사하고 있는 복합적 조직체(complex organization)로서의 특성을 지닌다. 즉, 교수 집단·행정 관료 집단·학생 집단 등 여러 집단이 자기 목적상 특수성을 지니며, 혼합되어 있는 복잡한 조직체를 형성하고 있다. 따라서 대학 조직은 단순한 조직 분석을 하기에는 매우 어려운 조직체임을 알 수 있다.

이는 나아가 대학이 이완 결합 조직(loosely coupled organization)으로서의 특징을 지니게 됨을 의미한다. 이완 결합이란, 조직 단위들이 연결되어 있기는 하지만, 각자가 고유의 정체성과 독립성을 보유하고 있음을 뜻한다.

이완 결합 조직은 고도로 구조화된 조직이 갖지 못하는 잠재적 기능들을 갖고 있는데, 즉 한 조직 내에 다양한 이질적인 조직들이 공존하는 것을 허용하고, 다른 부분에 영향을 주지 않는 한 체제의 한 부분의 분리를 용인하면서 체제 내 활동자에게 보다 많은 재량

권과 자기 결정권을 제고하는 것이다.

　대학은 이런 맥락에서 구조적인 이완성을 지닌 느슨한 사회 조직(a loose kind of social organization)이다. 여기서 대학의 구조가 느슨하다는 것은 대학의 여러 부분들이 다른 부분들과 전혀 관계를 맺고 있지 않다는 것을 의미하는 것이 아니라, 조직적 관점에서 볼 때 대학 조직은 최소한의 전체적인 동일을 유지할 수 있을 정도로 내부 업무가 상대적으로 느슨하게 조정된 구조를 지닌 복합적 조직이라는 점을 의미하는 것이다.

　그러나 대학 조직은 교육 조직으로서의 이러한 제반 조직적 특수성에도 불구하고 대학의 궁극적 목표를 합리적으로 결정하고, 이를 신속하게 능률적으로 달성하지 않으면 안 되는 양면성을 띠고 있다. 따라서 대학 기관 역시 조직 목표를 능률적으로 달성하기 위해 분업 체제와 계층제에 입각해 조직 구조를 효율적으로 갖추고, 인적·물적 자원을 합리적으로 동원·배분하려는 조직의 기본 관리 원칙에서 벗어날 수 없다.

　또한 대학은 설립 주체·규모·설립 법령 등에 따라 분류되어질 수 있는데, 설립 주체를 기준으로 보면 국립·공립·사립 대학으로 구분할 수 있으며, 규모별 기준으로 보면 종합 대학과 단과 대학으로 구분할 수 있으나, 이러한 구분은 현재 별의미가 없으며, 국립 대학은 설치령에 따라 서울 대학교와 국립 대학으로 구분한다.

　앞에서도 언급했듯이 대학 행정은, 대학이라는 조직의 목표를 달성하기 위하여 인적·물적 자원을 효율적으로 운영하는 모든 활동이 포함되는 매우 포괄적인 개념이다. 따라서 대학 행정직의 범위도 광의로 보면 대학 총(학)장으로부터 말단 경비원이나 사환에 이르기까지 모든 근무자들을 포괄하게 되며, 교수 보직자들도 당연히 포함된다. 그러나 일반 사무 및 기술 분야의 행정 관리 업무를 담당하는 직원들만을 의미하는 것이 상례이다. 따라서 대학 행정 직원이란, '대학에 근무하는 자 중에서 교수가 아닌 자로서 교칙 행위 이외의 학교 관리·운영을 담당하는 자'로 규정할 수 있다.

그러나 대학 행정 직원의 구체적인 범위와 대상 직종에 관해서는 개념과 용어가 통일되지 않아 혼란을 가져오는 경우가 있다. 이러한 까닭은 대학 행정 직원이 담당하는 역할이 사회 전면에 드러나지 않으며, 또 그 범위가 넓고 그들을 통칭할 만한 정확한 의미의 용어를 찾아내지 못한 데에 그 원인이 있겠지만, 이들에 대한 정부의 관심이나 제도적 배려가 미흡했기 때문이기도 하겠다.

3
대학 행정 직원의 역할

대학 행정 직원에 대한 정의는 교육법 제75조에는 '각 학교는 교원 외에 필요한 사무 직원을 둔다. 사무 직원은 총장·학장·교장, 또는 원장의 명을 받아 서무를 담당한다. 교원과 사무 직원의 정원에 관한 사항은 대통령령으로 정한다.'라고 되어 있으며, 또한 사립학교법 제70조에는 '학교 법인 또는 사립 학교 운영자는 그의 사무와 그가 설치·운영하는 학교의 사무를 처리하기 위하여 필요한 사무 기구를 두되, 그 설치·운영과 사무 직원의 정원·임면·보수·복무 및 신분 보장에 관하여는 학교 법인 또는 법인인 사립학교 운영자의 경우에는 정관으로 정하고, 개인인 사립학교 경영자의 경우에는 규칙으로 정하여 관할청의 인가를 받아야 한다.' 라고 규정되어 있다. 대학 행정 직원은 교육이나 연구 활동 자체를 직접 담당하지는 않지만, 그 활동들이 제대로 이루어질 수 있도록 뒷받침할 뿐 아니라, 대학 내의 모든 업무를 기획·관리하는 핵심적인 역할을 담당하고 있다. 그들이 대학에서 담당하는 업무의 범위는 앞서 언급한 직원들의 다양한 직종보다도 더 다양하고 광범위할 뿐만 아니라 전문적이어서, 그들의 역할은 대학이 본래의 기능을 제대로 수행하는 데 있어 필수 불가결한 활동들이다. 또한 대학의 행정 직원이 담당한 업무의 성격이 대개 규칙적·실천적이므로 그들의 성격도 오랜 직무 수행의 습관으로 인해 규칙적·현실적이며, 책임의 한계가 명확하고, 능률 지향적인 경향이 강하게 나타난다. 이러한 측면은 이론적이고 추상적인 사고와, 자율성·합리성을 강조하는 성향의 교원들과 역할상 갈등을 초래할 가능성이 매우 높은 부분이다.

대학 행정 직원의 역할은 전문성을 필요로 하는 전문 직종으로서, 사회의 기능이 다양하게 변화하고 전문화될 것으로 예견되는 미래 사회에서는 이와 같은 전문 분야가 더욱 다양해지고 전문성이 한층 더 심화될 것이다.

이처럼 복잡 다양한 업무를 광범위하게 수행하는 행정 직원들의 사기를 북돋우고 동기를 유발시켜 대학의 조직 목표를 위해 능률적으로 그들을 이끌어 가기란 여간 어려운 일이 아니다. 더욱이 대학의 자율성이 더욱 증대되고 활동 범위가 국제화 시대에 맞추어 넓어지게 되면, 대학 행정 직원이 담당해야 할 업무 내용은 더욱 광범위해지고, 고도의 전문성을 요구하게 됨으로써 조직 목표 달성을 위해 통합된 그들의 역할의 중요성은 더욱 증대될 것이다. 따라서 이러한 상황 변화에 대비해야 할 대학에서는 대학 행정 직원의 자질을 향상시켜야 하는 문제를 고려하지 않으면 안 될 것이다.

대학 행정 직원의 역할은 본질적으로 간접적인 지원 활동이다. 즉, 교육·연구·사회 봉사로 요약되는 대학의 기본적 기능을 지원함으로써 대학 교육의 목표를 달성하는 데 기여하는 활동인 것이다. 실제로 대학의 교직원 중에서 교수들은 직접 학생들을 가르치고 연구하는 직접적인 교육 활동을 하는 데 비해, 대다수의 행정 직원들은 대체로 교수들의 활동을 보조 내지 지원하는 활동을 담당하고 있다.

대학 행정직의 업무 내용은 근무하는 부서에 따라 상당한 차이가 있다. 우선 교무처의 경우는 제반 사무 관리와 교육 과정의 운영, 입학 시험 관리, 졸업 및 학위 논문 관리, 교원 인사 관리 및 연구 활동 지원, 수업 관리, 학적 관리 등의 업무를 담당하고 있다. 연구 교류처에서는 교수의 연구 활동 지원, 연구비 중앙 관리, 교수 연구 업적 관리, 교수 및 학생의 해외 연수 및 유학 안내, 국내외 대학과의 학술 교류 협정 체결 등의 일을 담당하고 있다. 다음으로 학생처에서는 학생 생활 지도, 병사, 학생 체육 활동 및 시설물 관리, 학생의 보건 및 후생 업무, 학생 취업 지도 및 알선, 학생 장학금 및 학비감면, 기숙사 운영 등에 관한 사무를 담당한다.

한편, 총무처 또는 사무처에서는 직원들의 인사·동원·교육 훈련·교직원의 후생·복지, 보안, 시설 건축 및 관리, 예산·회계 및 경리, 자재 및 물품 관리 등을 담당한다. 또 기획실에서는 대학 발전 계획의 수립·운영, 각종 제도 및 법규 개편, 예산의 편성 및 조정, 결산 및 심사 분석, 교내·외 홍보 활동, 등의 업무를 수행하고 있다.

각 단과 대학이나 대학원에서 근무하는 행정 직원들도 대학 본부의 조직 편제와 유사한 업무 분장 속에서 교무·학생·서무 등의 사무를 담당하는데, 하위 단위로 갈수록 담당 업무는 복합적으로 통합될 수밖에 없다.

이 밖에 대학 본부의 직할 기관 또는 지원 기관으로서 도서관·박물관·전산원, 각종 연구소 등에 근무하는 직원들은 한층 전문화된 업무 분야에서 교육·연구 활동을 지원한다.

이러한 대학 행정 직원의 현 위치를 첫째, 수평적 역할 분담 상대자인 교수·학생과의 관계 속에서 살펴보면, 교수·학생은 교육·연구를 직접 담당하는 주체로서 가치의 기준을 자율성과 민주성에 두고 있으며, 활동이나 신분의 측면에서 강한 보장을 받고 있다. 이에 반해 행정 직원은 대학 조직의 목표를 달성하는 데 간접적으로 기여하고 있는 대학의 한 구성원으로 관료적 특성을 지녀 직무 수행상 위계 질서와 합법성·능률성을 추구하는 특성을 담당케 하고 있다. 또 국립 대학의 경우 직접 교육을 담당하지는 않지만 광의의 교원직에 속하는 연구직을 두어 장학 행정이나 연구 관리 업무를 수행케 하기도 한다.

교육 활동을 직접 담당하는 교수 활동과 행정 직원의 활동의 차이점을 간략히 정리하면 다음과 같다.

첫째, 교원은 학생을 직접 대상으로 하나, 행정 직원은 교원 집단을 보조 내지 지원하는 위치에서 1차적으로 교원을 대상으로 한다.

둘째, 교원의 기본 목표는 학생들의 바람직한 성장·발달을 도모하는 교육적 성과에 있는 반면, 행정의 일차적 목표는 교육 여건을 지원하는 데 있어서의 행정 능률이다.

셋째, 본래적인 기능면에 있어서 교원은 학생을 가르치고 지도하는 일이 핵심인 반면, 행정 직원은 교육적 성과를 최대한 올릴 수 있도록 제반 조건을 정비·확립하는 것이 주요한 과업이다.

넷째, 지도력 또는 그의 영향력이 미치는 범위에 있어서 교원은 행정 직원보다 광범위하고 질적인 면에서 훨씬 강하게 작용한다.

제2장
거꾸로 가는 대학

1
예절바른 사람이 일도 잘 한다

 의식이 있어야 예절을 안다고 했다. 하지만 현대 사회처럼 의식이 풍족해질수록 예절을 잃어 가는 건 무슨 까닭인가. 오히려 배고프던 시절 우리 조상들의 예절이 21세기를 목전에 두고 있는 오늘날보다 더 깍듯했으며, 타인에 대한 배려가 더 컸던 것 같으니 말이다.
 오늘날 사회 전반적으로 예절이 사라지고, 특히 직장에서의 예절도 옛날 같지 않은 것 같다.
 예절이란 사람이 사람답게 살기 위한 필수 조건이다. 예절은 자라나면서부터 몸에 베어야 하는데, 산업 사회의 발달로 인해 핵가족화가 되면서 그런 전통이 사라진 지 오래이다. 또한 예절이란 사람이 알아야 하고 실천해야 하는 기본 덕목이다.
 직장은 일을 위한 극히 사무적이고 계산적인 만남의 공간이므로 자칫 예절에 소홀해지기 쉽다. 그러나 이는 절대 아니다. 직장의 목적이 일이긴 하나 많은 사람들과의 관계가 밑바탕이 된다. 또한 그러한 관계는 일의 성패에 커다란 영향을 미친다. 대학 생활에서 쉽게 접할 수 있는 것이 전화인데, 우리가 쉽게 생각하는 전화 예절도 지켜야 할 중요한 예절 중의 하나이다.

오늘날 우리의 생활은 가정이든 직장이든 전화를 떼어놓고는 잠시도 생각할 수 없을 만큼 전화는 이미 우리 몸의 일부인 듯이 우리 생활에 깊숙이 자리잡고 있다. 특히 직장에서의 경우 업무상 빼놓을 수 없는 필수품이 되어 버렸다.

정보 통신의 발달로 우리 나라 인구의 약 20% 이상의 사람들이 휴대폰을 몸에 지닐 정도로 보급률이 급속히 늘어나고 있다. 그런데 하루에도 몇 번씩, 많게는 수십 번씩 접해야 하는 문명의 이기가 쓰는 사람의 용도에 따라 언어 폭력의 수단이 될 수도 있고, 하루 내내 웃을 수 있는 고마운 전령사가 될 수도 있다.

전화는 얼굴을 맞대고 있지 않을 뿐 아니라, 원거리의 익명성 때문에 쉽게 생각하고 쉽게 대하기 쉬우나, 현대 사회 생활의 많은 부분이 전화를 통해 이루어지고 있기 때문에 가장 어렵고도 조심스러운 것이 전화 예절이다.

우리는 전화로 인해 한두 번쯤 당혹스러운 경험을 한 적이 있을 것이다. 전화를 거는 사람이 누구인지도 밝히지 않은 채 대뜸 "누구를 바꾸라"든지, 아니면 처음부터 반말로 "아무개 있어?"라는 식의 전화는 상대방으로 하여금 매우 불쾌하게 한다. 또는 학생들로부터 다른 업무로 한창 바쁠 때 문의 전화나 업무상 전화를 받을 수 있다 이럴 땐 무조건 사무실로 오라하거나, 바쁘니 다음에 전화하라 하지 말고, 지금 일이 바쁘니 끝나는 대로 연락을 주겠다 하고, 그 곳의 전화 번호를 알려달라고 해 보자. 그러면 그 사람은 기대하지 않은 반응을 보고는 그 순간 고마움을 느끼거나 감동하게 될 것이다.

전화 예절은 아랫사람이 꼭 윗사람에게만 지키는 것은 아니다. 직장에서 윗사람이라도 아랫사람에게 정중한 예우가 담긴 말을 건넨다면, 사람과 사람의 관계는 한결 밝아질 것이고, 직장 분위기도 좋아질 것이다.

대학 행정 조직은 다른 조직과는 다르다. 구성원 자체가 학생·직원·교수라는 집단으로 크게 구분된다. 직원은, 부서에 따라 다르겠지만, 많은 학생들을 만나고 그들과 이야기하며 생활한다. 학생들과의 전화 관계에서도 마찬가지이다. 일단은 나이가 어리고, 알고 지낸다는 핑계로 쉽게 반말을 하기 쉽지만, 역지사지의 견지에서 생각해 보면 조금은 서로 예절을 갖춰야 하는 필요성을 느낀다.

직장 생활을 아직 해 보지 않은 학생들의 입장에서는 교직원의 근무 태도나 전화 예절은 졸업 후 직장 생활을 할 때 하나의 표본이 될 수 있다. 강의를 하지는 않지만 교육자라는 생각을 가지고 스스로의 태도에 대해 어떻게 학생들에게 비쳐질까 하는 것쯤은 생각해 보아야 한다.

강의를 하여야만 교육자가 되는 것은 아니다. 교육이란 여러 가지의 교육이 있을 수 있다. 행정 직원은 강의를 주목적으로 하는 교수를 지원하는 일을 한다. 단적인 예로 축구 경기는 11명이 하는 것이지 1명이 잘 해서 승리를 거둘 수는 없다. 스포츠에서는 요즈음 어시스터 상도 주고 있지 않은가? 작은 전화 예절 하나라도 중요시하는 자세가 필요하리라 생각한다.

아울러 말씨는 그 사람의 인품을 드러내는 것이며, 말씨에 의해서 그 인품을 닦아갈 수 도 있다. 그렇기에 비록 보이지 않는 전화를 통해 주고받는 말씨에 대해서도 서로를 생각하는 그러한 최소한의 예절이 필요하리라 생각한다.

오늘부터 "감사합니다. ○○○과 ○○○입니다"라며 전화를 받아보자. 친절하고 상냥하게 웃는 전화 목소리는 자신이 몸담고 있는 학교에 대한 좋은 이미지를 줄 뿐만 아니라, 자기 자신에게도 행운을 가져올 것이다.

2
웃으며 인사하자

 인사는 인간 관계의 첫걸음이며, 상대방에 대한 마음 속으로부터 우러나오는 존경심과 친절을 나타내는 형식이다. 또한 인간 관계를 원활하게 해 주는 가장 기본적인 예절이다.
 웃으면서 주고받는 한마디 인사가 하루를 유쾌하게 한다. 그러나 우리 사회는 언제부터인가 이웃에 누가 사는지도 모른 채 지내게 되고, 자기와 함께 엘리베이터를 탔던 사람이 자기 뒤를 따라 걸어 오는 것을 의심하다가, 자기와 같은 아파트에 사는 것을 보고 안도의 한숨을 쉬는 광고까지 등장하게 되었다. 정답게 인사하는 모습을 보기가 어렵다. 고개만 꾸벅한다든지, 무표정하게 지나치기 일쑤이다.
 주고받는 인사말도 사라진 지 오래이다. 그냥 그저 바라볼 뿐 아무런 말도 하지 않는다.
 우리는 학교에서 많은 사람을 만난다. 등교길의 친구에서부터 강의 시간에 교수님, 그리고 선배·후배 등 오늘 학교에서 만난 사람을 한번 기억해 보고 인사를 했는가 안했는가를 한 번쯤 생각해 보는 시간을 갖는 것은 어떨까?

　인사는 사람을 만났을 때 첫 동작이며 헤어질 때 마지막 동작이다. 우물쭈물 눈치를 보거나 작은 동작과 작은 목소리로 하는 둥 마는 둥해서는 안 된다. 또렷한 어조, 쾌활한 목소리, 분명한 자세로 화끈하고 과감하게 해 보자. 그러면 인사를 받는 상대방도 가만히 있지 않을 것이다. 물론 간혹 인사를 받는 사람에게 문제가 있을 수도 있다. 윗사람들 중에는 후배나 다른 사람이 인사를 하는데도 별 다른 대꾸없이 무성의하게 받는 경우도 있다. 만약 "안녕하세요?"하고 인사를 했는 데도 무성의하게 받는 둥 마는 둥한다면 그 사람의 인격을 의심하지 않을 수 없다.

　몇 년 전 필자가 근무하고 있는 대학에 대학교육협의회에서 실시하는 대학 종합 평가를 받은 적이 있다. 평가 관계로 대학에 낯선 손님이 다른 때보다는 많았다. 학생들 중에서는 대학 평가를 받는다는 사실을 알고 있는 학생도 있었을 것이고, 그렇지 않은 학생도 있었을 것이다.

　평가단이 대학에 도착하여 그 동안 준비했던 상황들을 살펴보기 위해 본관부터 B동, E동, 학생 회관, 생활관 순으로 라운딩을 하게 되어 있었다. 필자는 그 날 총장님과 평가단을 수행하는 일행과 함께 있었다. 일행이 본관을 나와 B동으로 이동하는데, 학생들이 "안녕하세요?" 하고 총장님께 인사를 하는 모습을 볼 수 있었다. 총장님께서도 "그래, 몇 학년이며 무슨 학과지?" 하시며 일일이 물어보

셨다. 그 순간 '그래 이거구나, 인사는 받는 사람뿐만 아니라, 하는 사람도 함께 즐거워 할 수 있구나' 하는 생각을 하게 되었다.

물론 학생들이 인사를 하지 않고 그냥 지나갈 수도 있다. 실사단의 선생님들도 다른 대학의 교수이고 해서 그 대학에서 학생들이 인사를 하지 않고 지나가는 것을 다반사로 보아왔을 것이기 때문에 이상한 것이 아닐 수도 있다. 그러나 인사는 앞에서도 이야기했지만 타인과 타인과의 관계에 있어서 첫인상을 심게 하는 아주 중요한 역할을 한다.

종합 강평 시간에 위원장께서는 대학에 좋은 이미지를 받았다고 이야기하며, 특히 학생들의 인사에 좋은 인상을 받았다고 했다. 그 해 대학 종합 평가는 최우수를 받는 쾌거를 올렸다.

그렇다. 인사를 하는 것에 대해 어렵게 또는 거창하게 생각할 필요가 없다. 친구에게, 선배에게, 선생님에게, 아니면 타인이라도 대학에서 만난 모든 사람에게 "안녕하세요?"라며 간단한 인사말을 건네보자. 물론 영문도 모르고 인사를 받는 사람은 당황해할지 모르나 이내 곧 얼굴에 미소를 머금을 것이다. 그리고 그 사람 역시 "안녕하세요?"라고 인사할 것이다.

겨울 바람이 매섭게 불고 있는 캠퍼스에 작은 인사 한마디로 서로의 따뜻한 정을 느끼는 새학기가 되도록 함께 노력해 보자.

3
교직원은 학생의 모델이다

우리가 어떤 문제를 가지고 너무 골몰히 생각하다 보면 해결의 실마리를 찾기보다는 더 혼란스러워지는 경우를 많이 보게 된다. 문제가 더 어려워지고, 해답이 없을 때에는 '기본'으로 돌아가서 그 문제를 다시 보는 것이 문제를 해결할 수 있는 해답이다.

교육은 인간이 보람 있는 삶을 누릴 수 있도록 사람을 기르는 일이다.

서양 사람들은 유치원에서 다 배운다고 하는데, 우리에게는 '세 살 버릇 여든까지 간다'는 좋은 속담이 있다. 사람 교육을 언제 시작하며 어떻게 해야 하느냐는 질문에 많은 교육학자들은 이야기를 했지만, '세 살 버릇 여든까지 간다'는 우리말처럼 훌륭한 대답은 없다고 생각한다.

사람이 기본적인 삶의 자세를 바로 가지려면 어릴 때부터 생활화·체질화된 교육을 받아야 한다. 그러나 지식 교육은 특별한 이유가 없는 한평생 동안 계속되어야 한다. 새로운 지식도 접하고 모르던 것을 더 알려면, 지식 공부는 한이 없게 마련이다. 하지만 생활 교육은 시작이 올바르게 되어야 한다. 시작이 잘못된 것을 바로잡으려면 지금까지 들였던 여러 배의 힘을 들여야 하고, 잘 고쳐지지도 않는다.

이러한 생활 교육의 뿌리는 가정에서부터 시작된다. 가정 교육, 즉 '밥상머리교육'은 가장 중요하며, 살아가면서 예절의 뿌리를 만드는 데 아주 큰 역할을 한다. 그 다음은 탁아소·유치원·초등학교·중학교·고등학교·대학교 순서로 이루어지는데, 대학으로 갈수록 지식 교육이 점점 더 중요시되어 간다.

대학에 근무하고 있는 직원은 강의를 하는 교수는 아니지만, 교육 기관에 근무하는 선생으로서의 자부심과 책임감을 가지고 학생들을 대해야 한다. 직원들은 학생들의 지도와 학생들의 여러 가지 행태에 많은 영향을 미치게 된다. 장학금 신청 기간을 미리 공고했다고 가정해 보자. 신청 마감일이 지났는데도 일부 학생들은 꼭 늦게 제출하는 학생이 있다. 그러면서도 때를 쓰면 괜찮겠지 하는 태도이다. 그러면 접수를 하자니 원칙에 어긋나 기간 내에 신청한 학생들에게 피해를 주게 되고, 받지 않자니 개인적인 사정을 무시할 수도 없게 되고 하는 경우를 많이 접하게 된다. 꼭 예를 든 장학금 문제뿐만이 아니라, 그보다 더 중요한 여러 가지 상황이 발생할 수도 있다. 학생 개개인에게 이익을 부과하는 일임에도 불구하고 가볍게 생각하는 경우가 있으며, 자기에게 큰 이익이 되지 않는 경우에는 더더욱 그렇다.

이럴 땐 반드시 원칙을 이야기하고 넘어가야 한다. 그냥 좋은 것이 좋다고 넘어가다 보면 이 학생이 졸업해 사회 생활을 할 때 대학에서 했던 행동을 그대로 하게 되면 많은 시행 착오를 할 수밖에는 없다. 이러한 것들을 학생 시절에 미리 예방해 주는 것이 중요하다. 어쩌면 작은 일일지는 몰라도 학생들의 입장에서는 직원들의 행위가 모델이 될 수 있고, 이렇게 잘못된 것을 바로잡아 주었을 때 올바른 사회인으로 성장할 수 있다. 우리는 흔히 카메라 렌즈의 뚜껑을 열지도 않고 셔터를 누르는 것과 같은 어리석음을 범하는 경우가 많다. 즉, 기본적인 일은 등한시하면서 기술만을 익히려고 하는 경우가 그것이다.

약속 시간에 늦었는데도 사과 한마디 없이 자리에 앉거나, 상대의 입장은 생각지도 않고 자신의 입장만을 고집하는 경우, 겉으로는 아주 사소하고 작은 것처럼 보이지만 자신의 신뢰를 무너뜨리는 결과를 가져올 수 있다는 것을 명심해야 한다.

몇 년 전의 일이 생각난다. 한 여학생이 장학금 수령 문제로 찾아왔다. 학생은 아주 사소하게 생각을 하고 돈을 수령하는 데 사인을 하겠다고 해서 안 된다고 했다.

규정에 돈의 영수증에는 반드시 도장을 찍게 되어 있을뿐더러, 사전에 도장을 가져와서 수령해 가라고 공고를 했기 때문에 불가능하니, 집에 있는 도장을 가져오든지, 아니면 학교 주변의 도장집에서 하나 만들어 와서 수령해 가도록 이야기를 했다. 그랬더니 그 여학생의 입에서 생각지도 못했던 이야기가 나왔다. 장학금을 주고 안 주고를 떠나 이 학생의 말 버릇에 문제가 있다고 생각하고, 말에 대해 이야기를 한 뒤, 법정 스님의 《무소유》 중에서 말에 대한 내용을 직접 복사해 시간이 나면 한번 읽어보라고 주었다. 며칠 뒤 그 학생은 다시 찾아왔고, 자기의 잘못된 버릇 때문에 그랬는데 이 기회에 고쳐 보겠다고 이야기하며 웃으면서 돌아갔다. 이러한 경우를 통해 작은 것이라도 서로가 이야기하고 조금만 관심을 가져 준다면 나쁜 버릇이라도 고칠 수 있다는 희망을 가졌다.

교육이란 모르는 것을 사람들에게 가르치는 것을 의미하는 게 아니다. 교육은 친절·관찰·훈계·교훈·칭찬 등이다. 그러나 무엇보다도 모범을 보임으로써 이루어질 수 있는 고통스럽고 계속적이며 힘든 과업이다.

영어에 'more is caught than taught'란 어귀가 있는데, 이것은 '가르쳐 얻는 것 보다는 어떤 행위를 봄으로써 더 많은 것을 배운다'는 말로써 직원이 학생들에게 보여주는 조그마한 행위가 보다 큰 영향을 준다는 것이다.

4
학생을 마음으로부터 귀하게 대하라

　학생들은 성적 증명서 발급·재학 증명서 발급·장학금 신청·아르바이트 신청 등의 사유로 한 학기에 한두 번쯤은 대학 본부에 있는 사무실을 이용하게 된다. 그런데 용무가 있어 사무실에 들어서면 어떻게 해야 될지 모르고 당황하기 일쑤이다. 배치되어 있는 책상부터가 일자형으로, 상사는 최고 뒤로 자리하고 있어, 과거 권위주의적인 시대의 배열을 그대로 하고 있다. 또한 어디에 물어봐야 할지 자세한 안내 표시도 없고, 담당자의 책상 위에 명시되어 있는 푯말도 없다. 또한 눈길 한 번 주지 않는다. 이런 상황까지 오면 견디기 힘든다. 그냥 일을 보지 않고 나와 버릴까 하는 생각까지 든다.
　이제부터라도 모든 사람들이 사무실에 들어오면, 하던 일을 잠시 멈추고 반갑게 맞이하여 그 용건에 대해 신중히 들어주는 태도를 가져 보자. 또한 어쩔 수 없이 기다리게 할 때에는 우선 양해를 구하고, 기다리는 시간이 길어지면 중간에 이유와 상황을 설명하도록 해 보자. 즉, 사무실을 찾는 모든 상대방을 '귀하게' 대해 주는 것이다. 그리하여 항상 상대방을 먼저 생각하는 근무 태도를 가져야 한다.

학생에 대한 서비스뿐만 아니라 교수에 대한 서비스도 마찬가지이다. 직원의 입장에서 보면 고객은 크게 학생과 교수로 나눌 수 있다. 교수 임용에 탈락된 사람에 대한 배려도 필요하다.

각 대학에서는 매년마다 많은 인원의 교수를 충원한다. 현대는 바야흐로 정보화 시대이다. 교수 채용 광고도 신문뿐만 아니라 인터넷 등으로 선발 광고를 하기 때문에 미국·일본 등지에서 학위를 취득한 유학생들이 대거 지원하게 된다. 그러다 보니 높은 경쟁률을 나타내게 되고, 임용된 사람보다는 탈락된 사람이 더 많다. 임용된 사람은 별문제이겠으나 탈락된 사람은 상심하게 된다. 이럴 때 탈락된 사람에게 지원해 줘서 고맙고 다음 기회를 이용해 보라는 감사 편지를 써 보자. 이렇게 하면 비록 임용에서는 탈락되었지만 대학에 대한 이미지가 달라질 것이고, 반드시 다음 기회에 또 지원하게 될 것이라 확신한다. 세계적인 명성을 갖고 있는 메리케이 화장품 회사의 성장 비결은, 모든 직원들에게 항상 상대방을 마음으로부터 진정으로 귀하게 대하라고 훈련을 시킨 결과라 한다. 사람을 귀하게 대하니까 사람들이 메리케이 회사 사람들을 귀하게 대하는 것이다. 결국은 이러한 작은 것들이 모여 메리케이 회사를 발전시킨 원동력이 되었다는 이야기를 들은 적이 있다.

인간의 행동에 있어서 대단히 중요한 법칙이 한 가지 있다. 이

법칙을 지키면 우리는 인생을 살아가면서 주위에서 좋은 사람을 얻을 수 있고 행복을 즐길 수 있다. 그러나 이 법칙을 어기는 순간 우리는 끝없는 문제에 빠지게 된다. 그 법칙은 '항상 다른 사람으로 하여금 자신이 중요하다는 느낌이 들게 하라'는 것이다. 존 듀이는 '인간에게 있어서 가장 뿌리 깊은 욕구는 중요한 사람이 되려는 욕구'라고 했다. 사람은 주위 사람들로부터 칭찬받기를 원하며, 자신의 진정한 가치를 인정받기를 원한다. 그리고 자기가 속해 있는 조직에서 중요한 존재라는 느낌을 갖기를 원하는 것이다.

학생이나 교수에 대해서도 고객이라는 생각으로 반갑게 맞이해 보자.

5
학생의 1초를 존중하라

　대학 행정의 목표는 서비스이며, 그러기 위해서는 간소화되고, 능률화하고, 전문화되어야 한다.
　취업 시즌에 제 증명을 발급받기 위한 예를 한번 들어 보자. 학생이 제 증명을 발급받기 위해 하루 내내 학교에 머물러 있어야 한다. 물론 몇몇 대학에서는 자동 발급기를 이용한 대학도 있지만, 보통 발급 소요 시간은 오전에 신청한 것은 오후에, 오후에 신청한 것은 그 다음날 오전에 발급된다. 이것은 국문의 서류일 경우이고, 영문일 경우에는 더 많은 시간이 걸린다. 전화 신청은 더더욱 어렵다. 또한 졸업 시즌이 되면 폭주된 업무 때문에 더더욱 늦어지기 일쑤이다.
　학생들은 학교에 오면 강의 시간과 도서관 이용 등으로 바쁘게 보낸다. 그리고 강의실과 가까이 있으면 몰라도 멀리 있게 되면 자주 찾아오기 어렵다. 가장 많이 비어 있는 시간은 점심 시간일 것이다. 그런데 점심 시간은 보통 학교마다 12시에서 1시까지로 되어 있어 대학의 모든 구성원들이 점심 시간이다. 그렇기 때문에 신청서를 제출하고 싶어도 점심 시간이 지나도록 기다려야 한다. 그러다 보면 또 강의 시간과 겹치게 된다.

학생들의 대민 업무를 담당하고 있는 부서에서는 탄력 근무 시간제를 도입해 실시해 봄이 좋을 것 같다. 탄력 근무 시간제는 대학에서 일정한 근무 시간대를 정해 놓고, 직원들이 그 시간 범위 안에서 자유롭게 근무 시간을 결정하는 제도를 말한다. 예를 들어 학생들의 수업 시간이 9시부터라면 직원이 8시에 나와서 필요한 제증명서를 발급받을 수 있도록 하며, 점심 시간에는 직원이 교대로 식사를 하고 퇴근 시간이 5시라면 학생들의 강의 마지막 시간이 끝나는 6시까지 업무를 함으로써 최대한 학생들의 편리를 봐 주는 것이다. 그리하여 담당자는 근로 기준법에 정해져 있는 일일 근무 시간을 채우면 된다. 물론 이러한 제도를 도입하기 위해서는, 첫째 직원들이 자신의 근무 시간은 자신이 관리한다는 자세를 갖춰야 하며, 둘째 몇 시간 일했느냐는 시간의 양보다 얼마만큼 학생들을 위해 성과를 냈느냐 하는 시간의 질을 중요시해야 된다. 셋째, 대학 내에 선진화된 시간 문화를 조성해야 한다.

따라서 고객의 1초를 존중하는 마음을 가져야 한다. 신속한 공급 서비스로 고객들이 불편함이 없도록 해야 한다.

오늘날 고객들은 점차 개성화·개별화되고 있으며, 삶의 질을 중시하고 있다. 따라서 화폐 가치 이상으로 시간 가치의 중요성을 인식하고 있다. 아무리 다른 조건이 좋다 해도 자신이 원하는 타이밍과 맞지 않거나 너무 시간이 지체되면 불만을 느끼게 된다. 지금까지의 시간 관리 개념이 나 자신의 시간만 알뜰하게 사용하면 된다고 생각했다. 그러나 학생 소비자 시대의 시간 관리 개념으로는 학생 고객의 시간가치까지 높여 주어야 한다.

21세기는 결국 학생 소비자 시대가 될 것이고, 이러한 교육 환경의 변화에 대응하기 위해서는 대학도 변하지 않으면 안 된다. 앞으로 대학의 고객은 연령·욕구·출신 배경 등에 있어서도 다양해질 것이다. 대학 행정은 이에 발맞추어 소비자 학생에 대한 관리 중심에서 봉사와 지원 중심의 행정으로 변화되어야 하며, 뿐만 아니라 학생 소비자 시대의 도래에 즈음하여 학생을 비롯하여 기업 여타 지원 기관으로부터 오는 요구를 적극적으로 수렴하고, 새로운 요구에 대응할 수 있는 행정 조직의 서비스 체제를 마련해야 한다.

학생 수의 감소 추세와 교육 시장 개방, 수도권 대학에 대한 편중된 선호로 인해 지방 대학 교육의 낙후가 우려되는 상황하에서 수도권과 지방의 균형된 발전을 이룩하고, 지방화 시대를 이끌고 나갈 인재를 양성하기 위해서는 행정 서비스의 수반이 필수적인 과제이다.

6
자취·하숙방 중개 복덕방을 만들자

새학기를 앞둔 2월과 8월이면 대학 주변의 전봇대나 정보지에는 '하숙 구함', '원룸 임대' 등 방을 얻거나 놓는 광고를 많이 보게 된다.

신입생이나 학부형의 입장에서는 낯선 지역에서 하숙방이나 자취방을 구하기가 쉽지 않다. 그리고 방을 놓는 입장에서도 광고지에 광고를 내면 불필요한 전화가 걸려와 생활에 지장을 받는다. 특히 요즈음에는 생활 정보지를 이용한 범죄가 많이 일어나고 있다.

대학마다 편차가 있겠지만 지방 학생의 수는 대략 3분의 1 정도를 차지한다.

지방 학생들이 겪는 문제점 중 가장 두드러진 것은 숙식 문제이다. 지방 학생들의 거주 형태를 살펴보면 하숙·자취·친척집·기숙사 등으로 나뉜다. 이 중 경제적으로나 생활면에 있어서, 특히 학부모의 경우에 학생의 안전에 있어서는 기숙사가 가장 선호되는 거주 형태이다. 그러나 수요에 비해 턱없이 모자란 수용 인원 때문에 대학 입시를 막 치른 수험생들은 그에 버금가는 입사 경쟁을 치르지 않을 수 없다.

필자가 있는 대학교의 기숙사는 현재 4개동으로, 전국 대학 중에서 최대 규모인 2,015명의 학생을 수용할 수 있으며, 최첨단 시설을 갖춰, '캠퍼스 속의 빌라'로 불리고 있다.

기숙사 입사 조건은, 첫째 지방 거주자 및 통학이 불가능한 자, 둘째 성적 우수자 순으로 선발하고 있으며, 재학생의 경우에는 지원자들 중에서 평점이 높은 순으로 선발하고 있다. 또한 신입생의 경우 특차 모집 학생에게는 원할 시 우선 입사시키며, 관리비의 일부를 지원한다. 단 매학기 통상 평점 평균이 3.5에 미달되거나 학적 변동(병역 휴학 제외)시는 상실된다.

기숙사 비용은 '98년 기준, 월 평균 104,600원을 받고 있다. 부대 시설로는 전용 식당·독서실·음악 감상실·컴퓨터실·어학 실습실·위성 TV·체력 단련실·샤워실 등을 갖추고 있어 학생들이 생활하는 데 전혀 불편함이 없도록 되어 있다.

특히 모든 학생을 위하여 0교시(08:00~08:50)에 생활 영어 전산 등 정규 학점을 부여하는 특별 교육 프로그램을 운영한다. 수강한 학생들은 학점으로 인정받을 수 있도록 해 기숙사에서의 남은 시간을 최대한 활용할 수 있도록 하고 있다.

그런데 필자가 근무하는 대학교처럼 많은 학생들을 수용할 수 있는 기숙사를 갖춘 대학은 거의 없다. 그러다 보니 학생들이 이용하는 거주 형태는 하숙이라 할 수 있다. 그러나 하숙도 경비가 만만치 않아 대학 생활을 1~2년 하다 보면 자취를 많이 하게 된다. 자취를 하는 경우 과거와는 다르게 전세나 월세의 형태로 방을 구하는데, 요즈음에는 대학가 주변에 원룸이 많이 생겨 원룸 주택을 선호하고 있으나, **IMF** 이후 가계 부담이 커진 원룸 형태는 쉽지 않다. 지리적으로 익숙치 않은 학생들이 하숙방이나 자취방을 구하기가 쉽지 않고, 계속 돌아다녀야 하기에 시간도 많이 들어 결국 며칠씩 방을 구하지 못해 어려움을 느끼게 된다.

이러한 학생들의 시간과 경비를 절약해 주기 위해 대학 내에 '하숙·자취 알선 복덕방'을 만들어, 미리 지역 주민들에게 홍보를 하여 상시적으로 예약을 받아놓아 홈페이지 등에 올려놓으면, 학생들이 직접 전봇대나 정보지를 보고 찾아가지 않고도 자기가 선호하는 집에 대해 이미 얻은 정보를 가지고 가서 만나면, 시간도 절약되고 부모의 입장에서도 학교에서 중개를 해 준 것이기 때문에 더 신뢰를 할 수 있을 것이다.

또한 학생들은 전세 계약을 할 때 임대차 계약에 대해 전혀 경험이 없기 때문에, 일방적으로 불리한 입장에서 계약을 할 수도 있고, 계약 기간이나 전세 계약서 작성 등이 익숙하지 않기 때문에 피해를 볼 수도 있다. 행정 당국은 학생들이 불편 없이 공부하고 연구를 하는 데 최선의 지원을 해 주어야 한다.

7
교내 전화기를 늘리자

요즈음 급속적으로 늘어나는 무선 호출기와 개인 휴대폰 사용으로 대학마다 설치되어 있는 공중 전화기가 부족한 실정이다.

매년마다 대부분 대학에서 학생들은 공중 전화기를 늘려달라고 대학에 요구하겠지만, 대학의 입장에서도 공중 전화기 관리·설치권이 관할 전화국에 있는 까닭에 신청서를 제출하는 일 이외에는 달리 뾰족한 수가 없는 모양이다.

이에 각 대학에서는 학생들의 이용 편익을 위해 학생 이용 빈도별, 단과대 별로 구분해 공중 전화기가 설치되어 있으나, 학생들의 요구에는 미치지 못하는 형편이다.

이에 필자가 근무하는 대학교에서는 학생들의 요구를 충족시키기 위해 교내에서만 사용할 수 있는 전화기를 각 강의 동에 2~3개를 설치해 학생들로부터 좋은 반응을 얻고 있다. 이는 공중 전화기 뒤에 줄을 서는 불편함을 없앴으며, 결국 무선 호출기가 학내에서 많이 이용되고 있기 때문에 꼭 공중 전화를 이용하지 않더라도 되기 때문이다.

　대학 당국에서 학생들을 위한 전화 서비스를 제공하는것도 좋지만, 무선 호출기를 사용하는 학생들도 호출기 사용법을 정확히 숙지하여 남을 배려하는 마음을 가져야 한다. 수업을 한참 진행하다 보면 호출기가 울리거나 휴대폰 전화가 오는 경우가 있는데, 이럴 경우에는 수업 분위기를 해칠 수가 있다. 수업 시간이나 공공 장소·도서관 등에서는 휴대폰이나 호출기를 진동 모델로 바꾸어 놓아 다른 사람의 눈살을 찌푸리는 일이 없도록 해야 할 것이다.

8
옷에도 인격이 있다

'옷이 날개다', '입은 거지는 얻어먹어도 벗은 거지는 얻어먹지도 못한다' 등의 속담이 있다.

옷은 입은 사람의 행동과 생각에 영향을 준다. 옷이 사람의 의식을 키우는 데 도움을 주지만, 비싸고 좋은 옷을 입었다고 해서 '귀족'이 되는 것은 아니다.

우리 조상들은 먹고 살기 힘들던 시대에도 의식주라는 순서로 입는 것이 제일 강조되었다. 따라서 잘 먹지는 못해도 옷에 대한 생활 관습은 엄격하여 의생활 문화는 동방예의지국다운 습성을 이어 오던 것이 오랜 우리의 전통이요, 생활의 모습이다.

고종 황제의 칙령에 의해 우리 나라의 관복이 양복으로 바뀐 지도 1백 년이 지났지만, 양복이 일반적인 생활복으로 발전된 것은 6.25 한국 전쟁 이후인 50년대 후반의 일이다. 불과 40여 년밖에 안 된 짧은 역사인 셈이다.

시대의 흐름에 따라 옷 입는 방법도 변하고 있으며, 특히 대학 교정에서 젊은 세대들을 보면 남의 눈은 아랑곳하지 않고 자기 멋대로 입고 다닌다. 물론 이러한 행동이 전부 나쁘다는 것은 아니다. 그러나 아직도 때와 장소와 경우에 따라 갖추어 입는 소위 TPO(Time, Place, Occasion)에 걸맞은 의생활 문화로서의 원칙은 존재하는 것이며, 안 입으면 모를까, 양복을 생활 양식으로 갖추려 한다면 당연히 양복과 관련된 문화적인 격식은 갖추어야 한다.

요즈음 우리 사회 전반이 IMF 여파로 우울한 분위기이다. 이 어려운 시기에 옷차림이 좀 촌스러우면 어떻고, 야한 복장을 하고 다니면 어떠냐고 할지 모르겠다. 그러나 국가가 어렵다고 더 우울해지는 옷차림을 하고 다니면 그 분위기에서 벗어나질 못한다. 그럴수록 행색은 반듯해야 하며, 얼굴에는 미소를 떠올려야 한다.

옷 입는 방법은 자기 표현의 대표적인 수단이며, 또한 인격과도 직결된다.

대학에 근무하다 보면 학생·교수·지역 주민 등 많은 사람을 접하게 된다. 또한 간혹 사람들의 옷차림을 보면서 한 번쯤 어떻게 저런 옷을 입고 다닐까 하는 생각을 해 보았을 것이다. 반대로 다른 사람들이 보면서 "왜 선생님은 옷을 이렇게 입었습니까?"라고 묻는 다면 어떤 대답을 할 것인가?

9
안내자는 대학의 얼굴

 대학을 처음 들어서게 되면 제일 먼저 만나게 되는 사람이 안내하는 분이다.
 안내하는 분이 어떻느냐에 따라 대학에 대한 이미지가 달라지므로 안내자는 상대방에게 최대의 편의를 제공할 수 있도록 성심 성의껏 친절히 안내하여야 한다.
 1995년에 미국의 미시간 주립 대학을 방문하였을 때의 일이다. 업무차 만난 그분은 한국의 공공 기관이나 회사를 방문하면 어느 사무실을 막론하고 가장 높은 사람이 안내자라고 웃으면서 이야기했다.
 "어떻게 왔어요?"
 "저쪽이에요."
하고 턱으로 가리키는 모습이 아직도 선하다며, 왜 그런지 이유를 모르겠다면서 강한 어조로 이야기했다.

보통의 대학은 정문에 안내자가 있고, 각 건물마다 도난이나 방문자를 위해 안내자가 있다. 대부분 방문자가 학생이고, 몇 년씩 근무하다 보면 매일 만난 학생들과 친숙해서 자식처럼 아무런 허물 없이 지낼 수도 있다. 그러나 이젠 사정이 다르다. 앞으로는 학생만 학생이 아니다. 대학이 지역 사회에 봉사하고, 지역과 함께하기 위해서는 열린 대학을 표방할 것이며, 그러다 보면 어린아이에서부터 할아버지까지 대학의 방문자로 변할 수 있다. 친절이라는 것은 하루 아침에 되는 것이 아니다. 매일매일 자기도 모르게 습관에 의해 몸에 익숙하게 된다. 이렇듯 안내하는 사람은 중요한 역할을 한다. 대학을 방문하는 사람과의 첫 만남, 그것은 대학의 이미지를 좌우한다.

또한 학교에 대한 정보를 알기 위해 많은 사람들이 전화를 걸게 된다. 어느 특정 부서를 찾을 수도 있고, 사람을 찾을 수도 있다. 아니면 학교에 대해서 물어보기도 한다. 그런데 안내하는 직원이 퉁명스럽게 이야기를 하거나, 원하는 부서에 연결 시켜주지 못하면, 그 사람은 그 경험만으로 대학을 평가하게 될 것이다. 모든 구성원이 다 소속되어 있는 조직에 대해서 잘 알아야 하겠지만, 안내하는 사람들은 특히 더 많은 관심을 가져야 한다.

필자는 업무 자체가 외부 기관이나 중소 기업과 전화나 방문을 해야 하는 일이 있다. 얼마 전 어느 중소 기업을 방문하기 위해 대표 전화를 걸어 찾아가는 길을 물은 적이 있다. 그 직원은 몸이 불편한 것처럼 느껴졌지만 자세히 가르쳐 주려고 하는 태도가 너무나 감동적이었다. 그래서 그 회사를 방문하고 나오는 길에 직접 전화를 받았던 직원을 찾아 감사하다는 이야기를 한 적이 있다. 이렇듯 작은 친절이 큰 감동을 주는 것이다.

　물론 전화나 안내는 안내자의 몫만은 아니다. 모든 구성원이 안내자라는 사명감으로 대학에 대해 관심을 가지고, 대학 내에서 일어나고 있는 일에 대해서는 주관 부서뿐만 아니라, 전 구성원이 다 알 수 있도록 네트워크화하여, 어느 누구에게 전화나 질문을 하더라도 능히 대답할 수 있는 능력을 키워야 할 것이다.

10
교직원 실명제를 실시하자

　대학 행정 조직은, 대학이 나아가야 할 길을 내주고 평탄케 하는 정지 작업으로서의 기능뿐 아니라, 대학의 목적을 충분히 성취할 수 있도록 하는 데 결정적인 힘을 발휘하는 지원 체제로서의 기능을 한다. 이렇듯 중요한 업무를 하고 있는 행정 직원이야말로 중요한 인적 자원이다. 그런데 이러한 행정 직원들이 변화하는 환경에 적응하고 업무에 대한 책임감을 갖기 위해서는 무엇보다 행정 직원 실명제가 필요하리라 본다.

　행정 직원 실명제가 조금은 낯선 단어일 것이다. 대학의 행정 조직을 보는 패러다임으로서 전문적 관료제 모형, 이완 결합 조직, 공동체적 의사 결정 모형 등으로 나눈다. 이 모형들은 수평적 조직이면서도 담당자에게 많은 일이 주어지는 형태이다.

　이제 대학도 외부 환경이 급속히 변해 교육 개방화와 더불어 자유 경쟁 체제에 돌입했으며, 개혁과 변신을 통해서 끊임없이 발전하지 않으면 머지않아 명맥 유지가 어렵게 되는 위기에 놓여 있다. 이러한 내외적 요인을 고려해 볼 때 학생들과 행정적으로 가장 가까이에서 접하고 있는 행정 직원들이 최선을 다 해 학생들을 대하고 합리적인 업무 처리와 책임감을 가질 때 경쟁에서 살아남을 수 있다.

　실명제 일환으로 신분증이나 명찰을 근무 시간에 다는 것도 고려해야 한다. 그리하여 실질적으로 학생들이 학사 업무를 할 때 어느 직원이 일을 처리했는가도 확인할 수 있고, 담당자도 떳떳이 자신의 신분을 밝히고 일을 하는 것이 업무 추진과 자신을 표현하는 데 책임감을 갖게 되고, 또한 외부적으로도 친절한 태도를 갖게 될 것이다.

　이렇듯 조직에서처럼 계획·실행·평가의 단계를 거쳐 환류점으로 행정의 질을 높일 수 있으며, 서비스 정신을 갖게 할 수 있다.

11
학사 고충 상담 센터를 설치하자

21세기는 지식 및 정보가 토지·노동·자본 외에 중요한 생산 요소로 등장하는 '정보화 사회', 국민 국가 개념이 희박해지는 '세계화 시대'이다.

농경 사회에서는 토지와 단순 노동이 중요한 자원이 되고, 산업 사회에서는 실물 자본과 숙련 노동이 중요한 역할을 담당하였으나, 정보화 사회에서는 지적 재산을 비롯한 무형 자본과 정신 및 지적 노동이 개인과 경제 사회 발전의 원동력이 된다. 정보화 사회는 지식 및 정보의 생성과 소멸의 주기가 짧아지고, 사회 변화의 속도가 매우 빠르며, 그러한 변화의 양태를 예측하기가 쉽지 않다는 것이 특징 중의 하나이다.

21세기를 특징 짓는 또 하나의 현상은 바로 세계화 시대라는 것이다. 세계화란 전세계가 '국경 없는' 하나의 지구촌 사회로 되어가는 시대적 추세를 의미한다. 이러한 사실은 국경이라는 보호막 속에 안주하여 형성된 지금까지의 발상이나 관행, 그리고 제도적 틀이 더 이상 통하지 않는 사회를 의미하는 것이며, 생존과 발전을 위해서는 국가간·기업간·개인간의 경쟁은 물론 상호 협력이 필수적임을 예고하고 있는 것이다.

대학 교육을 둘러싼 환경도 급변하고 있다. 우리 나라 대학들은 그간 국가 발전 과정의 주도적 역할을 해 왔다. 그러나 최근 급변하는 사회적 환경 변화 속에서도 대학간의 경쟁이 없는 현실 속에 스스로 안주하며, 외형적 성장에 주력하는 수동적 대응을 해 왔다. 그러나 대학 평가 인정제가 도입되고, 신교육 체제 수립을 위한 정부의 교육 개혁 방안이 확정 발표되었으며, WTO 협약에 의한 국내 교육 시장의 대외 개방 등 국내외적 환경 변화는 대학으로 하여금 교육의 개방성·수월성·실용성을 높이도록 강요하고 있다. 우선 대학 교육 기회의 공급 구조가 크게 변화된다. 대학 설립 준칙주의에 따라 소규모로 특성화된 대학들의 신규 진입이 추진되어 대학간 경쟁이 가속화될 것으로 보인다. 더구나 외국 고등 교육 기관의 국내 진출이 예정되어 있어, 국내 대학간의 경쟁뿐만 아니라 외국 대학과의 경쟁도 하여야 한다.

정보 기술의 발전으로 지식 정보의 독점적 창조 및 공급 기지로서의 대학의 위상이 변화하고 있는 것도 우리 대학이 당면하고 있는 새로운 도전이다. 이와 더불어 대학 입학 지원자가 2003년에는 입학 정원보다도 적어 이른바 고등 교육의 초과 공급 현상이 나타날 것으로 전망된다. 또한 IMF로 인한 실직 가정의 증가로 휴학이나 자퇴하는 학생이 늘어나고 있다.

이러한 교육의 환경 변화 속에서 각 대학들은 개혁의 고삐를 든 채 많은 제도를 만들어 오고 있으며, 이미 실시하고 있는 대학도 있다. 대표적인 예로, 복수 전공제·봉사 활동 의무 이수제·졸업 자격 외국어 시험제·전 교수 학생 의무 상담 시간제 등 학사 운영과 관련하여 많은 제도를 만들어 시행해 오고 있다.

또한, 모교에 대한 애교심 함양도 학생의 자존심을 키우고 학교 생활을 보다 알차게 하는 중요한 요소가 된다. 학생 수가 적었던 시대에는 모교인 대학을 평생 동안 자랑으로 여기고 사랑하는 학생이 많았다. 그러나 지금은 대학과 대학생의 수가 너무 많다. '가고 싶은 대학보다도 들어갈 수 있는 대학에', '좋아하는 학부보다 들어갈 수 있는 학부에'라는 편차적 사고가 일반화된 결과, 입학한 대학에 대한 애정이 전체적으로 희박해질 수 있다.

대학은 모든 학생이 모교애를 지닐 수 있도록 대학과 학생과의 심적 일체화를 이룰 프로그램을 만들 필요가 있다. 이런 의미에서 학생에 대해 상세한 상담 서비스를 실시하는 것도 무엇보다 중요한 과제이다.

학생의 고민은 다양하다. 어른이라면 무시해도 좋을 일을 당사자인 학생에게는 심각한 문제가 되는 경우가 종종 있다. 조그마한 좌절과 실망이 대학에 대한 불신으로 이어질 수 있다는 사실을 인식해야 한다.

이러한 제도의 개요와 이용 방법과 장단점 등, 그리고 수강 지도를 위한 어드바이스 제도 등, 학생들이 필요할 경우 상담할 수 있는 학사 고충 상담 센터의 설치가 시급하다 하겠다. 전공·복수 전공을 효과적으로 이수하기 위해서는 수강 신청시 지도 교수 및 조교 선생님과 담당 직원의 철저한 수강 지도가 필수적이다. 이렇게 하다 보면 지도 교수는 학생들의 소속 학부에 관계 없이 학생의 필요에 따라 선정되며, 이러한 것들이 학생 지도로 이어져 사제지간의 인간적인 관계를 맺을 수 있어서 좋고, 학생의 입장에서도 진로 상담 등 고민을 이야기할 수 있어서 일석 이조의 효과를 거둘 수 있을 것이다.

12
One-Stop 행정 서비스 체계화

 행정의 목표는 최고의 서비스이다. 그러나 대학 행정을 자세히 살펴보면 행정 편의주의식 체제와, 역기능적이고 불필요한 기능, 비대한 조직으로 인한 비효율적인 운영 등 관료제의 병리 현상을 곳곳에서 찾아볼 수 있다.
 학생증 발급은 학생처에서, 재학 증명서 및 성적 증명서 발급은 교무처에서 발급하고 있으며, 병역 의무자 총장 추천서를 한 통 받기 위해서는 학과 지도 교수·단과 대학장·학생 처장 등의 결재를 받아야 하는 등 학교를 한 바퀴 돌아야 한다. 그것도 겨우 해 가면 무엇이 빠져 있으니 다시 해 오라는 등, 무슨 서류 한 통 발급받기 위해서는 이 건물 저 건물을 돌아다녀야 하고, 오늘 신청해 놓으면 내일 오라고 한다. 바빠서 그러니 어떻게 안 되겠냐고 이야기하면, "그러면 빨리 오지" 하고 이야기한다.
 이것은 원칙을 지키는 것이 아니다. 설령 원칙이 그렇다면 이 원칙은 무엇인가 잘못된 원칙이다. 따라서 문제점이 무엇인가를 찾아내 개선해야 한다. 이것은 행정 편의주의적인 업무 태도라고밖에 볼 수 없다.

그러나 이제는 이와 같은 행정 서비스로는 급격히 변해 가는 교육 환경 변화에 대응할 수 없다. 21세기를 '학생 소비자 시대'라고 이야기한다. 학생 소비자 시대의 개념적 정의는 1970년에 데이비드 리스만 교수가 《학생 소비자 시대의 대학》이라는 저서를 통해 학생 소비자 시대의 도래를 예고한 바 있으며, 그의 이러한 주장은 지난 20여 년 동안 미국을 비롯한 많은 나라의 대학 교육 체제나 학생들의 위상에 큰 변화를 유도했다고 해도 과언이 아니다. 그의 주장을 바탕으로 '학생 소비자 시대'의 개념적 정의를 살펴보면 다음과 같이 요약할 수 있다.

대학 교육의 보편화와 학생 인구의 감소에 따라 학생 자원이 부족하게 될 것이므로 오랫동안 대학 입학을 애원하고, 그 권위나 교권 앞에 복종만 해 오던 학생 집단이 고객으로서의 선택권과 권익을 향유하게 된다. 따라서 각 대학들은 교육 시장에 대한 판로 탐색이나, 보다 질 높은 교육 서비스를 위한 모든 역량을 동원하게 되는 대학 교육 체제의 변화를 추구하게 된다. 다시 말하면 대학 운영의 중심 체제가 전통적 대학 시대의 운영자 중심에서 교수단 중심으로 이행해 왔고, 이제부터는 학생 중심 체제로 변화되어 가는 것이 불가피하다는 미래 전망을 대학 존립의 역학적 차원에서 전망한 것이라고 볼 수 있다. 따라서 지금까지는 대학이 학생을 선택하는 입장이었으나, 앞으로는 학생들이 대학을 선택하게 된다.

그리고 대학 교육의 내용도 주로 교수단의 주관이나 필요에 따라 편성·운영되어 왔으나, 앞으로는 학생들의 희구와 성향 및 입장이 보다 강조될 것으로 진단할 수 있다.

이러한 학생 소비자 시대에 부응하기 위해서는 대학 행정 서비스도 바뀌지 않으면 안 된다. 무엇보다도 교육 서비스의 질과 양이 크게 향상됨으로써 학생들의 만족도를 제고해야 한다. 이러기 위해서는 학생들이 한 곳만 가서 민원에 관한 일을 처리할 수 있도록 One-Stop(한 창구 서비스 제도) 행정 서비스를 제공해야 한다.

이렇게 함으로써 역기능적이고 중복 과다하거나 불필요한 기능·기구·인력을 통합 정비하여, 행정 간소화를 통한 업무 처리의 효율을 도모하고 경영 합리화를 추구할 수 있다. 또한 민원 사항에 대한 접수와 처리의 단일 창구화를 실시해 지금까지 여러 곳을 경유하여 처리되어 왔던 복잡한 행정 절차를 한 창구를 통하여 처리하게 함으로써 학생들의 시간과 편리를 도모하는 서비스의 개념을 도모하여, 무성의한 획일주의적·형식적 형태나 행정 우월적인 태도가 사라지고, 적극적인 태도를 취하여 봉사하는 행정으로서의 역할을 다 해야 할 것이다.

13
대학 내의 자동차 문화

우리 나라에 자동차가 처음 소개된 것은 1903년 고종의 어차로부터 비롯된다. 그 후 80년대 초반까지만 해도 겨우 60만 대를 웃돌았던 전국의 자동차 대수는 80년대 중반 이후로 급격하게 증가하여 드디어 1997년에는 그 수가 1백만 대를 돌파하였다. 그리하여 이제는 자동차가 현대인의 생활 필수품으로 인식되어 집 없이 전세방에 살아도 차 없이는 못 살겠다는 신세대 부부가 나오고 있다. 그러나 이러한 생각으로 자동차 대수의 폭발적 증가는 계속적으로 지속되어 여러 가지 사회 문제가 야기되고 있는 것도 사실이다.

극심한 교통 체증, 교통 사고로 인한 물적·인적 피해, 자동차의 배기 가스로 인한 공해 문제의 발생, 도심의 심각한 주차난 등은 바로 이러한 자동차의 증가로 나타나는 그 대표적인 부작용이라고 할 수 있다. 마이 카 붐을 타고 급격히 늘어난 자동차로 인해 도심지의 도로는 물론 고속 도로가 저속 도로로 변한 지 오래이고, 자동차의 가속화된 증가 추세에 따르지 못하는 주차 공간과 주차 시설의 절대 부족은 필연적으로 주차난을 가져왔으며, 이는 한편으로 도심의 교통 체증을 더욱 부채질하는 하나의 요인이 되기도 했던 것이다.

또한 자동차의 대수가 급증하면서 유발된 여러 가지 역기능 현상은 대학 캠퍼스 내의 공간에서도 그대로 나타나고 있음을 볼 수 있다. 요즈음의 각 대학들은 캠퍼스 내를 과속으로 질주하는 각종 차량들의 소음으로 몸살을 앓고 있으며, 각 대학 건물의 현관은 물론 강의실 주변에까지 무질서하게 주·정차하는 자동차들로 인하여, 수업은 물론 보행마저 불편을 느껴야 하는 정도로 그 심각성이 대단한 것이 사실이다.

이 같은 상황은 캠퍼스 밖에도 마찬가지이다. 대학과 인접해 있는 도로는 어느 지역이나 교통 체증의 대명사로 몸살을 앓고 있는 실정이다. 캠퍼스 곳곳에서 아침이면 주차 공간을 확보하기 위한 치열한 경쟁이 진행된다. 이제는 '좋은 주차 자리를 확보하기 위해 남보다 먼저 출근해야 하는 상태'까지 왔다고 해도 과언이 아니다.

최근에 신설되었거나 이전된 대학은 그래도 조금은 나은 편이다. 대부분의 대학들이 자동차가 이렇게 급증하리라는 예측을 못 한 상태에서 캠퍼스 내의 차선을 충분히 확보하지 못했을 뿐만 아니라, 주차 공간을 고려하지 않았기 때문에 자동차 공해는 더욱더 크게 심화되리라 생각한다. 따라서 이제부터라도 이러한 자동차의 역작용을 최소화하고 올바른 자동차 문화가 대학 내에 뿌리 내리도록 모든 대학인들의 힘을 모아야 한다.

이를 위해서 우선적으로 대학 당국이 주차 공간의 확보와 주차 질서 요원을 확보하여 차량 질서를 유지하는 데 힘써야 한다. 학생들의 자가용 등교를 막을 수도 없는 실정이고 보면, 주차 공간을 늘리는 길밖에는 없는데, 각 대학 건물 주변의 유휴지나 산지를 주차 공간으로 적극 활용한다든지, 마땅한 공간이 없을 경우에는 주차 빌딩의 설치도 고려해 볼 만하다.

또한 십부제의 활용이나, 꼭 필요한 경우가 아니라면 자가용 출근을 자제하고, 꼭 필요한 경우라면 커플제를 확실히 하여, 캠퍼스 내의 작은 공간에 서로가 조금씩 양보하고 협력함으로써 자동차의 증가로 인한 대학 내의 자동차 공해에서 벗어나야 한다.

제3장
지역 사회와 대학

1
지역 사회가 필요로 하는 대학이 되라

대학은 이제 결코 고등학교 신규 졸업자만을 위해 존재하는 것이 아니다. 대학의 기능인 교육·연구·사회 봉사라는 3대 기능은 대학을 필요로 하는 모든 사람이 향유해야 하는 것이다. 그런 의미에서 대학은 사회 속에서 어떤 역할을 할 것이냐 하는 관점을 간과해서는 안 된다.

대학은 첫째, 지역 문화 창조의 거점이 되어야 한다. 대학은 교육의 성과를 훌륭하게 축적하면서 그것을 배경으로 한 문화를 꽃의 향기처럼 지역 사회에 풍겨나가게 하는 존재가 되어야 한다. 이것은 미술관·도서관·박물관과 같은 문화 시설만이 집약되는 것이 아니라, 지역 주민에 대한 평생 교육의 터전이 되어야 한다는 것을 의미한다.

둘째, 지역의 산업과 경제의 견인차 역할을 하여야 한다. 우리 나라 박사 학위 소지자의 70% 정도가 대학에 있다. 또한 대학에는 지역의 산업과 경제와 관련된 공과대학 및 상경계열의 전문가가 많이 있다. 그럼에도 불구하고 이론과 현실로 분리되어 있는 듯한 느낌을 많이 받는데, 지역 산업 및 경제의 활성화를 위해 대학 구성원이 나서야 한다는 것이다.

셋째, 벤처 기업의 산실이 되어야 한다. 벤처 기업이란 높은 위험과 높은 기대 수익으로 대변되는 기업의 한 종류이다. 그러나 이러한 벤처 기업의 업종은 소프트웨어 분야가 대부분이다. 이러한 소프트웨어 분야가 틈새 시장을 공략할 수 있고, 고부가 가치 상품을 일반적으로 창출할 수 있기 때문이다. 대학에는 이러한 기업을 설립하기 위한 인프라가 가장 잘 되어 있다.

이제는 대학과 지역이 함께 하는 모습을 보일 때가 되었다. 본격적인 지방 자치 시대가 열려 대학과 지역이 공조 체제를 더욱 돈독히 하고 있다. 이제 대학이 지역 사회를 위해 기여할 수 있는 것이 무엇인가를 찾고, 이를 위하여 지방 자치 단체와 유대 관계를 강화할 수 있도록 기능을 재분배할 필요가 있다.

평생 교육원 운영과 공동 연구소 설립과 산·학·관 공동 기술 개발 컨소시엄을 위한 협의체 결성 등 지방 자치 단체와 대학이 상호 협력할 만한 일들이 많다. 그러나 우리 나라의 경우 각기 자존심을 앞세워 자기 주장에 의한 위상 정립의 자세 견지로 상호 협력이 미흡한 편이다. 이것은 방법상의 문제가 아니라 의식의 부족과 실천 의지의 결여에 있다고 판단된다.

대학은 지역 사회에 대한 봉사의 역할을 충실히 하면 될 것이고, 지역 사회는 대학이 그 지역에 있음으로 해서 반사적으로 얻는 이익을 고려해야 한다. 단적인 예로, 그 지역에 있다는 것은 경제적인 면에서 보아도 이익이 된다. 그 지역에 대학이 있으면 멀리 다른 지역에까지 자녀를 보내지 않아도 된다. 그리하면 하숙비·교통비 등이 절약되고, 결과적으로 시의 재정이 튼튼해지는 효과를 가져 오게 된다. 작은 중소 도시가 세계적인 지역이 되긴 어렵지만, 한 대학이 세계적인 대학이 되어 그 지역이 더불어 세계적인 도시가 되기는 쉽다. 이것은 지역이 대학이 있음으로 해서 얻는 반사적인 이익이라 할 수 있다.

대학은 그 대학이 소재한 지역 사회에서 원하고 있는 것이 무엇인지를 파악해, 그 지역민들의 요구를 과감히 정책에 반영하는 자세를 취해야 한다.

이렇듯 정보화 시대와 평생 교육 체제의 도래와 함께 대학 인구의 성격이 다양함에 따라 대학 행정은 이에 발맞추어 행정 지원 서비스 체제를 강화해야 한다.

또한 학교와 지역 사회가 파트너십을 개발, 사회 봉사·도서관·테니스장 개방 등 다양한 지역 사회 프로그램을 개발해 운영하여야 한다.

이제는 시민·공무원 등 다양한 기관의 사람들을 만나게 된다. 이러한 사람과의 만남 속에서 학교 내에서 학생을 대하듯 해서는 안 된다.

스스로 학교를 대표해서 만난다는 생각으로 최선을 다 해 응대해야 한다. 뿐만 아니라 이제부터는 대학이 필요한 정보만을 지역 사회에서 획득 할 것이 아니라, 지역 사회에서 필요로 하는 정보와 인재를 양성하는 대학이 되기 위해 노력해야 한다. 또한 대학이 지역 사회의 문화적 중심지로서 주민의 삶의 질을 향상시키기 위해 봉사해야 한다.

2
실리콘 밸리는 그냥 만들어지지 않았다

　실리콘 밸리는 미국의 서해안에 있는 샌프란시스코 반도의 중앙부에 있는 펄 앨트 시에서 반도 끝 부문의 산호세 시까지 기다란 띠 모양으로 펼쳐지는 하이테크 지역의 총칭이다.
　실리콘 밸리로부터 시작된 창조적인 에너지의 힘찬 물결은 이제 전세계로 넘쳐 흘러 세상을 감싸고 변화시키고 있다. 20세기에 일어난 비약적인 문명의 발전은 바로 실리콘 밸리에서 출발한 것이라 해도 과언이 아니다.
　과연 실리콘 밸리는 어떻게 형성되었고, 그 엄청난 발전의 힘과 영향력은 어디에서 나온 것인가?
　캘리포니아 북부 산호세 시에 위치한 실리콘 밸리는 40년대까지만 해도 자두와 호두 생산지로 유명한 농촌이었다. 제2차 세계대전 직후까지도 소규모의 식품 가공이나 유통 산업이 주류를 이루는 정도였다. 그러나 실리콘 밸리가 널리 알려진 것은 1970년대 이후의 일이지만, 그 시작은 1890년대까지 거슬러 올라간다. 당시 상원의원이었던 릴랜드 스탠퍼드가 팔로알토에 대학을 설립한 것을 그 시초로 볼 수 있기 때문이다. 스탠퍼드는 자신이 설립한 대학의 학생들이 단지 지식을 얻는 것에 그치지 않고, 그 지식을 현실에 적용시킬 수 있기를 원했다. 교수들도 스탠퍼드의 이러한 생각에 전적으로 동의해, 과학이나 공학 부문을 중심으로 대학 설립 초기부터 인근의 산업체와 공동으로 연구하고 제품을 개발해 내는 풍토를 만들었다.

1970년대 이후 반도체 산업을 일으킴으로써 '실리콘 밸리'라는 명칭을 얻었으며, '80년대 위기 상황을 극복한 후 세계 첨단 기술의 본산으로 우뚝 서 있다. 현재 세계 100대 첨단 기술 기업 중 3분의 1이 이 곳에 기반을 두고 있으며, 이 지역 기업 가운데 '빅5'의 주식 가치가 자동차 '빅3'의 가치를 능가한다.

이러한 경제 기적의 뒤에는 다음과 같은 역사적 사건들이 있었다.

맨 먼저 짚어야 할 일은 역시 1937년 당시 스탠퍼드 대학원생이었던 휴렛과 패커드가 터먼 교수의 권유를 받아들여 차고에서 사업을 시작한 사건이다.

이후 휴렛패커드 사는 벤처 기업의 대표적 성공 모델이 되었으며, 현 창업 동아리의 원조가 되었다. 또한 실리콘 밸리식 경영 모형을 제시하였다.

둘째, 1954년 스탠퍼드 대학에서는 대학의 유휴지에 스탠퍼드 리서치 파크라는 연구 단지를 만들어 지역 기업의 연구 참여를 유도하여 벤처 기업들에 임대했고, 그 결과 많은 기업이 특정 지역 안에 몰려드는 지리적 집적 현상이 일어났다.

셋째, 쇼클리가 동부에서 건너와 트랜지스터 개발을 위한 쇼클리 반도체 연구소를 설립했고, 그 연구원들이 뛰쳐나와 페어차일드 사를 설립하였다. 그리고 또다시 페어차일드 사 출신 엔지니어들이 인텔을 비롯한 70여 개의 벤처 기업을 창업함으로써 반도체 기술이 크게 발달하였다.

미국 전체 45개 반도체 제조업체 중 40개가 실라콘 밸리에 밀집하여 보스턴을 앞서고 있다.

그러나 여기서 우리가 간과할 수 없는 것은 이러한 중요한 역사적 사건들을 중요한 기폭제로 작용할 수 있게 한 정책과 주변 환경이다. 특히 미국 정부는 '50, '60년대에 국방 예산의 상당 부분을 벤처 기업의 기술 개발과 연계함으로써 지역의 기술 기반을 다지는 데 결정적 구실을 했다. 또한 스탠퍼드와 버클리 대학에서 공급되는 기술 인력은 뛰어난 기후 조건과 싼 임대료와 함께 창업 촉진에 중요한 기여를 하였다.

얼마 전까지만 해도 실리콘 밸리와 함께 세계 첨단 기술 지역의 양대 산맥을 이루었던 보스턴의 루트 128지역 역시 정부 지원과 비즈니스 환경에 있어 매우 뛰어난 곳이었다.

보스턴과 케임브리지를 둘러싼 65마일의 고속 도로 주위에 각종 첨단 산업들이 모여 있는 루트 128지역은 '50년대까지만 해도 미국 전자 산업의 중심지로 군림하였다.

전자 부품 산업의 경우, 이 당시 고용 인력이 실리콘 밸리의 2배가 넘었다고 한다. 그러나 '70년대 중반 이후에는 실리콘 밸리의 고용 인력이 오히려 2배 이상 더 많은 대역전 현상이 일어났다.

이러한 두 지역간 격차는 이후 더욱 벌어졌다. 예를 들자면 '80년대 창업한 기업들의 총매출액을 합하면 실리콘 밸리의 경우 220억 달러에 이르는 데 반해, 루트 128지역은 20억 달러 정도로 10분의 1에도 못 미치는 수준이다. 벤처 캐피탈의 투자 규모도 현재 절반 수준에 그치고 있다.

루트 128지역은 전통적으로 금융 중심지에 속하며 하버드 대학과 MIT 대학에서 우수한 기술 인력이 공급되는 뛰어난 주변 환경을 가지고 있다. 그리고 '60년대만 해도 매년 10억 달러의 정부 예산이 지역 기업들의 기술 개발에 투여되었으며, 방위 산업 관련 정부 구매의 절반이 이 곳에서 이루어졌다.

그렇다면 어떤 요인들이 이 두 지역의 격차를 벌려 놓았는가. 두 지역의 차이를 살펴보자.

첫째, 산업 구조와 지역 문화에 있어 실리콘 밸리는 중소 기업들의 활발한 상호 교류를 중심으로 하는 네트워크형 산업 구조를 이루고 있다. 또한 사업 실패를 오히려 경력으로 인정해 주는 문화와 비공식적 사회 교류 및 기업간 인력 이동이 활발한 개방적 풍토를 가지고 있다. 반면, 루트 128지역은 소수의 대기업이 산업을 이끌어가고, 방위 산업에 크게 의존하는 경직된 산업 구조와 보수적 문화 풍토를 가지고 있다.

둘째, 기업의 전략과 관리 방법에 있어 실리콘 밸리는 전문 영역에서 제품을 계속 차별화하는 전략을 사용하였으며, 지역 사회와의 유대 강화를 통해 주변 여건 개선에도 관심을 가졌다. 또한 종업원의 의사 결정 참여·개방적 조직 문화·스톡 옵션을 통한 이익 공유 등 새로운 경영 방식을 선보였다. 반면에 루트 128지역의 기업들은 수직적 통합을 통해 규모의 경제와 안정성을 추구하는 전략에 의존하였다.

셋째, 관련 기관과 단체들의 구실에 있어 실리콘 밸리의 대학들은 중소 기업과의 산·학 협동 프로그램을 강화하는 데 주력하였다. 반면에 루트 128지역의 대학들은 정부와 대기업에서 연구비를 얻어내는 데만 관심을 두었다.

벤처 캐피탈리스트들도 실리콘 밸리의 경우 사업가 또는 엔지니어 출신이 다수를 차지함으로써 과감하고 신속한 의사 결정이 가능하였던 반면, 루트 128지역의 경우 보수적인 은행가나 금융업 종사자들이 대종을 이루었다.

또한 민간 협회의 활동을 보면 실리콘 밸리의 단체들은 지방 정부와 산업계간 수평적 협력 관계를 구축하거나, 지역의 교통·주택·환경 문제를 같이 고민하는 자세를 보였다. 특히 서부 지역 전자 공업 협회(WEMA)는 창업 기업을 위한 경영 교육 프로그램을 개발해 전반적인 비즈니스 능력을 향상하려 힘썼다. 반면에 루트 128지역 단체들은 자신들의 집단 이익을 위해 정부에 로비하기에 급급하였다.

실리콘 밸리의 역사적 사건이 말해 주듯이 개인 기업가들의 도전 정신과 자유 경쟁 시장 원리는 벤처 산업 발전에 핵심적 구실을 한다.

그러나 이것만으로는 실리콘 밸리의 기적을 충분히 설명할 수 없다. 오히려 우리는 자본주의적 기업가 정신이 더욱 생산적 관계를 만들어 나갈 수 있게 하는 제도와 사회적 네트워크에 관심을 기울일 필요가 있다.

즉, 수많은 기업이 집단 학습과 상호 조정을 통해 환경 변화에 적응해 나갈 수 있게 하는 사회적·제도적 요인들에 관해 관심을 가져야 한다. 우리는 이러한 요인들에 대한 정확한 인식 없이 실리콘 밸리의 성공 비결을 이해할 수 없을 것이다.

3
실리콘 밸리의 금언

　실리콘 밸리는 그냥 생성된 곳이 아니다. 실리콘 밸리에서 벤처 기업의 성공률이 높은 요인은 주체·기술·자본 등 직접적 요인과 인프라 구축, 사회적 인식, 자율성, 실패에 대한 관용 등 간접적인 요인이 있다. 그 중에서 실리콘 밸리의 금언(金言)이라 할 수 있는 것은 다음과 같다.
　첫째, 네트워크형 투자를 하라.
　한국과 대만의 실리콘 밸리 진출은 매우 대조적이다. 한국 대기업의 직선형 경쟁적·배타적 투자는 대부분 기존 기업 인수에 집중했고, 인수 운영 자금으로 이미 수십억 달러가 넘는 돈이 들어갔다.
　반면 대만 기업들은 대만계 펀드를 통해 자본 기술을 공유하는 길을 택했다. ACER, TSMC 등 대만의 내로라 하는 기업들이 총 5천5백60만 달러의 펀드를 조성, 대만계 벤처 캐피털인 '인베스타'

에 보낸 것은 '96년 7월이었다.

　최근 '벤처 스타'로 이름을 바꾼 이 펀드는 지금까지 모두 5차례에 걸쳐 1억 6천만 달러를 조성, 이 중 1억 달러를 약 70개의 '초기 단계' 벤처에 투자했다. '벤처 스타'가 투자한 기업들끼리는 필요한 경우 테크놀러지 노하우 등을 공유하고 펀드에 참여한 기업들은 이들에게 대한 시장을 제공해 이들의 성공 확률을 높여준다.

　둘째, 실리콘 밸리는 자생했다.

　박세리 선수의 경우는 여러 면에서 투자의 성공담을 낳았다. 그러나 운동에 소질이 있는 사람을 일찍 알아보고 길러내는 스포츠 투자가 단일 종목 경기라면 벤처 투자는 10종 20종 경기가 된다.

　아주 초기의 테크놀러지를 보고 될지 안 될지를 바로 알아채는 것도 어려운 일이다. 그러나 벤처 투자는 그것만으로는 안 된다. 더 중요한 것은 새로운 패러다임 하에서는 제품 수명의 주기가 짧아지는 변덕스런 시장 속에서 기술·자본·마케팅 등이 적시에 맞아 떨어지게 하는 오케스트레이션이다.

　지난 방미 기간 중 대통령의 실리콘 밸리 방문은 또 한 차례 벤처 기업에 대한 관심을 환기시키고 있다. 현재 여러 기업 전문가들의 경험과 의견이 말해 준다. 다음과 같은 "왜 미국에선……"은 "한국은 어떻게……"를 찾기 위해 귀담아 들어야 할 금언들이다.

　실리콘 밸리는 정부의 지원으로 일어나지 않았다. 토양이 갖춰지면 벤처는 자생한다. 동질적 가치관을 길러주지 않는다면 다원주의 교육이나 스탠퍼드 대학 같은 고급 두뇌 공급처 및 사업 계획을 보고 금방 무슨 소리인지 아는 최고 경영자나 관료주의라곤 없는 자유 분방한 풍토 등이다. 이런 것들이 벤처의 토양이다.

셋째, 본바닥 펀드를 만들어라.

실리콘 밸리의 벤처 커뮤니티에 한 발이라도 걸치려면 기존 기업의 인수로는 안 된다. '80년대 중·후반 일본이 한창 잘 나갈 때 도시바나 NEC 등은 다 자기네 생산 라인의 시너지 효과를 위한 기업 인수에 주력했다. 컴퓨터 메모리로 성공한 삼성 컴퓨터 제조 업체인 AST를 인수한 것과 같았다.

그러나 당시 일본 기업들이 몇 억 달러짜리 펀드를 10여 개만 만들었다면 지금 실리콘 밸리를 휘어잡았으리라는 것이 돌이킬 수 없는 '역사의 가정'이다. '기술은 일부일 뿐'인 실리콘 밸리를 잡고 있는 기존의 미국계 펀드들은 대단히 배타적이다.

자기들끼리는 위험 부담을 서로 나눠지면서(예컨대 A 벤처 캐피탈이 키우는 기업에 B 벤처 캐피탈이 같이 들어가 시장 가치 및 성공 확률을 높인다) 외국 펀드들이 좀처럼 발을 못 붙이도록 눈에 보이지 않는 견제를 한다. 또 실리콘 밸리에 나오는 1급 벤처들은 일단 이들이 먼저 접수하게되므로 좋은 기업들이 밖으로 빠져나갈 틈이 별로 없다.

넷째, '아웃소싱'을 활용하라.

미국 기업들은 아웃소싱(자체 인력이나 설비를 이용해 하던 업무를 외부 용역으로 대체하는 것)에 익숙하다. 기술 개발이든 생산이든 내가 하는 것보다 아웃소싱이 싸고 훨씬 좋다고 판단되면 바로 계약한다.

실리콘 밸리의 세계적 정보 통신 기업 시스코(CISCO) 사에는 생산 라인이 거의 없다. 생산은 아웃소싱으로 해결하고, 시스코(CISCO)는 기술 개발 등에만 전념할 뿐이다. 그만큼 기업의 혁신과 적응이 빠르다.

다섯째, '돈독'이 첫째이다.

실리콘 밸리를 움직이는 힘은 백만 장자나 억만 장자가 되려는 꿈이다. 그 꿈을 실현시키는 수단은 '월급'이 아닌 '주식'이다. 창업 초기에 기술·자본·마케팅에 기여한 대가를 주식으로 받아 회사의 가치가 커지는 것만큼 그 성과를 나눈다. 스톡옵션은 죽자하고 벤처에 뛰어들게 하는 확실한 보상 시스템이다.

소프트웨어를 사유 재산으로 확실히 인정·보호하는 풍토와 법체제가 그 바탕이다.

여섯째, '파이'를 나눠라.

세계 최대의 정보 통신 기업 루슨트는 최근 한국계 벤처 기업가 김종훈 회장이 일군 유리 시스템스를 10억 달러에 사면서 김회장을 통신 사업 분야 네트워크의 사장으로 모셔갔다. 이를 두고 한국에서 '한글과 컴퓨터'가 처음 '한글'을 내놔 한글 워드 프로세서 시장의 95% 이상을 점유하자, 삼성이 '훈민정음'을 만들어 PC에 붙여 팔며 경쟁했던 일을 상기시키는 전문가들이 많다.

삼성이 '한글과 컴퓨터'에 투자했거나 이를 합당한 조건에 인수했다면, 그렇지 않아도 좁은 시장에서 그나마 '파이'를 키울 수 있었으리라는 얘기이다.

유리 시스템스와 루슨트의 관계는 벤처도 살고 대기업도 사는 체재이고, '한글과 컴퓨터'와 '훈민정음'의 관계는 그 반대라는 것이 실리콘 밸리의 시각이다.

일곱째, 비싼 수업료를 아껴라.

대만도 이만한 네트워크를 구성하기까지는 비싼 대가를 치렀다. 대만의 초기 실리콘 밸리 투자는 대학 동창생들끼리의 네트워크 안에서 일어났다. 대만은 '70년대 초부터 대만 국립 대학과 국립 교통 대학 졸업생 가운데 우수 인력의 약 절반은 미국 유학을 보내고, 절반은 국내에 남도록 유도하는 정책을 폈다.

'90년대 초가 되자 유학파들은 실리콘 밸리의 고급 두뇌로 자리를 잡았고, 잔류파들은 대만의 전자 반도체 산업을 일으킨 주역이 됐다. 이들의 성공을 본 섬유 및 식품 등 다른 업종의 대만 기업들이 펀드를 조성, '94년 때부터 2세대 벤처 투자에 나선 것까진 좋았으나, 테크놀러지를 모르는 뱅커들에게 펀드 운용을 맡긴 것이 화근이 돼 큰 실패를 맛보았다.

실리콘 밸러는 몇 명의 정열적인 인재들이 분위기에서 봉사 정신이 넘쳐흐르는 기술 사회를 창조하기 위한 노력의 결실이다

4
스탠퍼드 대학도 지역 사회와 함께 했다

  산타클라라 밸리와 샌프란시스코 만은 2세기 전까지만 해도 인간의 손길이 거의 닿지 않던 조용한 곳이었다. 수천 년 동안 이 지역에 터를 잡고 살았던 코스타노 인디언들이 수렵 문화의 터전으로 약간의 조개무지가 있었을 뿐, 청록의 계곡, 버드나무 해변, 울창한 떡갈나무 숲 등 자연 그대로의 모습이었다.
  그러나 1769년경부터 유럽의 탐험가들이 진입하기 시작하면서 다양한 농업 문화가 시작되었고, 1777년 말 산타클라라 밸리의 중심부인 산호세에 캘리포니아 최초의 민간인들이 정착했다.
  해상 운송의 수단으로 범선 운항이 성수기를 누릴 때 이상적인 항구로 각광받던 샌프란시스코의 인구는 1836년경부터 골드 러시로 인해 팽창하기 시작해서 1849년에는 금을 캐려간 사람들이 버린 배들로 항구가 가득 찼다. 아이러니컬하게도 이 시기에 정작 부자가 된 사람은 금을 찾아 떠난 광산 업자들이 아니라, 그들이 광

산업을 할 수 있게 먹을 것과 입을 것 등을 제공한 사람들이었다.

1863년 광산 업자들을 상대로 한 장사로 부자가 된 뉴욕 주의 북부 지방 변호사인 스탠퍼드가 캘리포니아의 주지사로 선출되었다. 그의 재임 기간은 짧은 2년에 불과했지만, 전력을 다 해 링컨 대통령을 보좌함으로써 후에도 '남북 전쟁 주지사'로 불리며 존경을 받았다.

스탠퍼드는 찰스 크로커, 마크 홉킨스, 콜리스 헌팅턴 등 세 명의 동료와 함께 센트럴 퍼시픽 철도 회사를 만들었다. 이 회사는 최초의 대륙 횡단 철도 가운데서 서부 지역 부분을 완성시켰으며, 후에 서던 퍼시픽으로 이름을 바꾸었다. 그들은 또한 1863년 메이필드와 산호세까지의 철로를 가진 샌프란시스코&산호세 철도 회사를 매입했다. 센트럴 퍼시픽 철도 회사의 회장이 된 스탠퍼드는 새크라멘토에서 샌프란시스코에 있는 놉힐의 저택으로 이사했다. 경주용 말을 좋아하는 그는 시골로의 낙향을 원했던 것이다. 그는 팔로알토 근교에서 마음에 드는 땅을 발견하고 이 곳에 미국에서 가장 유명하게 된 말 농장을 만들었으며, 점차적으로 일천만 평의 땅을 획득하게 되었다.

그런데 1884년 스탠퍼드는 가슴 아픈 일을 겪게 되었다. 그의 아내 제인, 그리고 아들과 함께 유럽을 여행하던 중 외아들이 장티푸스에 걸려 15세의 나이로 이태리에서 세상을 떠난 것이다. 그는 아픔을 이겨내고 곧 아들을 기리기 위해 무엇을 할 수 있을 것인가를 생각하게 되었다.

그는 대학을 설립하기로 결심하고 팔로알토의 부동산을 포함한 2

천만 달러를 기증했다. 캘리포니아 주 의회가 그를 미합중국 상원의원으로 선출하고 난 후에도 그는 이 계획에 많은 관심을 기울였다. 스탠퍼드의 대학에 대한 역할은 '대학은 학생들을 개인적인 성공으로 이끌 뿐 아니라 직접적으로 유용한 사람으로 만들어야 한다'는 것이 큰 원칙이었다. 데이비드 스타 조던은 설립 회장으로 스탠퍼드의 이러한 의지를 존중하였다.

드디어 1891년 10월 1일 릴랜드 스탠퍼드 주니어 대학교가 문을 열었다. 등록금이 면제된 이 학교에는 예상했던 것보다 2배나 되는 440명의 학생이 등록을 했다. 두 번째 학기에는 버클리 대학(University of california at Berkeley)의 학생 수보다 많은 559명이 등록을 했다. 아들을 잃고 상심에 빠져 있던 스탠퍼드가 "캘리포니아의 아이들은 곧 우리의 아이들이 될 것입니다"라고 설파했던 그 소망이 실현되기 시작한 것이다.

설립 목적인 '대학의 실용성'에 대해 진보적인 교수들은 큰 호응을 보였다. 이러한 과정 속에서 특별히 과학과 공학 부분의 경우 철저한 현장 실습의 전통을 수립해 나갔다. 교수들은 학생들이 실제 사회에 나갔을 때 필요한 것이 무엇인지를 알 수 있도록 하기 위해서 산업체나 회사, 그리고 정부의 실무 책임자들과 함께 협조 체제를 구축했다. 즉, 산학 협동의 체재를 갖추어간 것이다.

스탠퍼드 대학의 첫번째 학생 중의 한 사람인 후버는 1895년 스탠퍼드의 진보적인 수업에 동참하기 전에 팔로알토에서 강사 생활을 한 사람이다. 채광 엔지니어로서의 그의 빠른 성공은 스탠퍼드 대학의 실질적 교육 풍토가 성공적인 것임을 보여 주는 좋은 예이다. 20여 년 후, 후버는 제1차 세계대전 식량 구조회를 조직했고, 미국의 각료와 대통령으로 재직했다.

팔로알토는 스탠퍼드의 융자 원조를 받아 티모스 홉킨스에 의해 형성된 도시이다. 팔로알토는 빠르게 성장했지만 1890년까지는 대부분 목초지로 남아 있었다. 1894년 선거 이후 스탠퍼드 대학 교수들은 시 행정에 있어 중요한 역할을 하였다. 공대의 찰스 막스 교수와 찰스 위 교수는 모든 중요한 기관을 시 소유로 얻는 데 앞장섰다. 이는 그 당시로서는 굉장히 드문 사례였고, 그 기관들은 1950년대에 첨단 기술이 들어왔을 때 유용하게 쓰일 수 있었다.

20세기에 들어서기 직전 전기 공학과의 프레드릭 페린 교수는 고전압 오일 스위치의 현장 실험을 위해서 학생들과 팀을 구성했다. 이 실험은 캘리포니아 주를 가로지르는 4만 볼트의 전선을 가설할 수 있게 하였고, 멀리 떨어져 있는 지역에 전력을 제공할 수 있게 하였다.

1905년 코넬 대학의 전압 전송 분야 개척자였던 라이언 교수가 서부로 와서 스탠퍼드의 전기 공학 부장이 되었다. 1904년 교수단에 참여한 비행기 프로펠러 설계의 최고 권위자 윌리엄 듀런드 교수와 마찬가지로 라이언 교수 역시 산학 협동에 대한 소신을 가지고 이를 적극 실현해 나갔다.

실리콘 밸리를 탄생시킨 대부격인 프레트릭 터만 교수의 공적 또한 위대하다.

그는 동부의 MIT를 졸업하고 스탠퍼드대학의 전기공학과 교수가 되었다. 졸업생 중 대다수가 취직을 위해 동부를 떠나는 것을 보고 어떻게 해서든지 이 지역에 하이테크 기업을 활성화시킬 계획을 세운다. 그의 이러한 노력 덕분에 잘 알려진 휴렛 패커드 사가 탄생하게 된 것이다.

 1893년 6월 스탠퍼드 상원 의원의 죽음으로 스탠퍼드 대학은 재정적 위기를 맞게 되었고, 법정 소송으로 인해 부동산도 묶이게 되었다. 그러나 스탠퍼드 부인은 개인적인 수입은 물론 보석을 팔면서까지 대학을 살리기 위해 엄청난 노력을 기울였다. 결국 그녀는 재판에서 승소했고, 법정 관리로 넘어간 1902년까지 기부금을 관리하였다. 그녀 또한 1905년에 세상을 떠났지만, 이 때 이미 새로운 캠퍼스의 건설은 거의 완성되었다. 그 당시까지도 스탠퍼드 대학은 세계 유수 대학의 대열에는 끼지 못했다. 그러나 재단이 잘 정비되어 있었고, '우수성·실용성·성공'이라는 측면에서 발전의 잠재력을 품고 이후의 비약적인 성장을 예견하고 있었다. 이러한 건학 정신이 오늘날의 실리콘 밸리를 만드는 데 밑거름이 되었으며, 스탠퍼드 대학은 '80, '90년대에 해마다 실시한 미국대학평가에서 최우수 대학의 하나로 꼽히고 있다.

5
산·학·관 협력 강화 절실하다

　국가 경쟁력 제고는 국가 경제의 중요한 과제이며, 이러한 경쟁력은 기술에서부터 시작된다. 오늘날 국제 교역 환경에 커다란 지각 변동이 일어나고 있음은 이 때문이다. WTO 체제가 그것으로서, 이는 무역에서는 공정한 자유 무역의 확대를 의미하지만, 국가간 과학 기술 측면에서는 '지적 재산권 보호'를 명분으로 한 기술 패권주의의 공식적인 허용을 의미한다. 따라서 앞으로는 국가 발전도 과학 기술 혁신 없이는 불가능함을 명시적으로 일깨워주고 있다.

　한편 지식과 정보가 한 국가의 국력을 가늠하는 대망의 21세기가 다가서고 있다. 이렇게 볼 때 차세대의 부의 원천은 인간의 지적 능력으로 표현되는 인간의 재능이 될 것이다. 따라서 중요한 것은 바로 사람이다. 우리 나라의 경우 연구 개발비의 80%를 산업계가 투자하고 있는 반면, 고급 인력의 70% 이상이 대학에 있는 것으로 알려져 있다. 이렇게 볼 때 인재를 양성하는 대학과 양성된 인력을 연구와 산업에 활용하는 산·학·관 협동의 중요성은 아무리 강조해도 지나침이 없을 것이다. 선진국의 경우 산학 협동이 매우 잘 이루어지고 있다.

산·학·관 협동은 교육 기관인 대학과, 산업 현장인 기업, 중앙 정부나 지방 자치 단체간의 협력을 의미하는 것이다. 즉, 산·학·관 협동은 기업이 제공하는 현장을 대학에서 익히고, 대학에서 개발한 기술을 기업에서 상품화하며, 지방 자치 단체는 법적·제도적 보완과 함께 중개 기능을 적극 강화하는 경우를 말한다. 또한 대학은 산·학·관 협동을 통하여 양성한 인재를 기업에 공급할 수 있다. 이렇게 대학은 기업이 필요한 인력과 기술을 제공하는 대신, 기업과 지방 자치 단체는 대학이 필요로 하는 연구 시설이나 연구비를 제공함으로써 새로운 기술 개발에 함께 참여하는 것이다.

미래 학자 앨빈 토플러는 '세계를 지배하는 힘은 군사력에서 경제력으로, 경제력에서 기술력으로 이전되고 있다'고 지적한 바 있듯이, 세계는 기술 패권 주의에 휩싸여 있다고 하겠다. 따라서 선진국들은 기술 원조 및 이전의 장벽을 높이고 있으며, 개도국들로부터 추격을 받지 않기 위해 기술의 국제 분업을 구상하여 생산 기술을 보호하고 있는 실정이다. 따라서 우리는 산·학·관이 삼위일체가 되어 기술 혁명을 주도하며, 세계 무역 경쟁의 선두에서 우위를 점하기 위해 최선을 다 해야 한다.

기술 변화의 속도가 가속화되고, 연구 개발의 거대화 및 이에 따른 주변 기술과의 관련성이 높아짐에 따라 기업 스스로 모든 기술의 독자 개발이나 향후 핵심 기술의 확보가 곤란하다. 그러므로 산·학·관 협동을 통하여 기술과 자원을 상호 공유, 활용함으로써 연구 개발 소요 비용 절약, 위험 부담의 분산 및 적정 자원 배분을 통한 연구의 효율화를 기대할 수 있다. 또한 상호 원활한 기술 정보 교류를 통해 동종 업계 정보 및 동향 파악이 용이하고, 타 산업에 대한 기술 정보와 서로 부족한 기술이 상호 보완이 가능하게 되어, 기술 개발의 시너지 효과도 기대할 수 있다.

필자가 근무하는 대학교는 '96년 11월, 김해시·김해상공회의소·대학교가 참여하는 산·학·관 공동 기술 개발 컨소시엄 구성을 위한 간담회를 갖고, 지역 경제의 활성화와 봉사하는 대학으로서의 역할을 다 하도록 상호 협력 협약서를 체결하였다. 협약서에 명기한 중요 사항을 간략히 살펴보면 산·학·관 협동 연구와 인력 교류, 산업체 인력의 단기 교육 과정 및 재훈련 과정 설치, 중소 기업의 전문가 지도 및 자문, 연구 시설 등의 상호 이용, 기술 정보 교류, 연구 활동의 국제화, 해외 통상을 위한 어학 연수 등 실질적으로 중소 기업체에서 애로로 부각되어 있는 사항들을 미리 조사해, 실질적인 도움이 될 수 있도록 제도화하여 지역의 중소 기업들을 지원하기 위해 발벗고 나서고 있다.

'97, '98년도에 각각 13개, 20개 기업과 산·학 협력을 통한 기술 개발에 참여하였거나 참여하고 있다.

6
산·학·연 활성화 필요하다

　우리 나라 국민 개개인은 물론 기업 경영자들에게로 오늘날의 상황은 그야말로 어려움투성이다. IMF 시대인 오늘날, 크게는 국가의 기본 골격을 새로 짜야 할 정도가 되었고, 작게는 개개인의 생활 형태가 바뀌어야 생존이 가능한 대변혁의 시대를 살아가고 있는 것이다. 이러한 시대적 상황에서 경제 회복을 위한 산업체와 대학의 책무는 더욱더 무거워졌다. 기업과 대학이 공생 번영하고 국가 경제에 이바지할 수 있는 길은 산·학 협동이며, 그 근간은 고부가 가치의 기술 창출을 통한 기업의 생산성 향상이다.

　기업을 운영할 수 있는 자금이 있으면 1~2년, 기술력이 앞서면 10년을 성공할 수 있다는 이야기가 있다. 이것은 기술력의 중요성을 강조하는 것이다.

　기술 변화가 가속화되고 단일 기술보다는 인접 기술과 연계된 복합 및 융합화 기술의 필요가 증대됨에 따라, 산업체가 모든 기술을 독자 개발하거나, 핵심 기술을 보유한다는 것은 거의 불가능하다. 따라서 산·학, 산·학·연, 산·학·관 등의 협동 사업이 꼭 필요하다. 이로써 상호 자원과 기술을 공유하거나, 교류나 활용하는 등의 상호 보완이 가능하며, 시너지 효과를 거둘 수 있다. 특히 이러한 협력 관계 중에서 대학이 선도적인 역할을 하여야 한다.

우리 나라의 고급 인력의 70% 정도가 대학에 있다고 한다. 이러한 대학의 연구 인력, 특히 교육 인력 중에서 혁신적인 아이디어와 연구 개발 능력을 기업화시킴으로써 첨단 산업 발전에 촉진제 역할을 할 수 있다. 무엇보다도 대학의 연구 인력은 거의 모든 학문 분야를 꾸준히 연구하고 있기에 기업이 새로운 상품을 개발하고자 할 때는 언제나 기초 연구와 응용 연구를 함께 할 수 있는 여건이 조성되어 있다.

과거 대학은 내 고장 인재를 받아들여 훌륭히 교육시켜 지역에 내보내는 소극적인 역할에 머무른 감이 없지 않았다. 그러나 21세기의 문턱에 다다른 오늘의 대학은 지방화·세계화의 물결로 교육과 학문의 온상에 안주할 수 없음을 선진국의 사례를 살펴보면 확실하게 깨달을 수 있다. 미국 서부 태평양 연안 지역의 실리콘 밸리는, 스탠퍼드 대학의 전자 공학 분야 육성을 위한 지역과 대학의 협조, 중앙 정부의 적극적인 연구비 지원, 대학 교수의 헌신적인 자세가 이루어낸 산학 협동의 결실인 것이다.

우리 나라도 이러한 선진국형 모델을 토대로 대학·연구 기관·기업간의 유기적인 협력을 통해 특정 지역의 기술 혁신과 첨단 산업 발전을 효과적으로 달성하기 위해 산·학·연의 연구·개발 지원을 한 지역에 집중시킨 기술 연구 집단화 단지인 테크노파크를 전국 6개 지역을 선정해 추진 중에 있다.

크게 보지 않더라도 현재 중소기업청이 당해 지역에 소재하고 있는 대학의 기술 개발 자원을 활용하여 현지에서 생산 현장의 기술적인 애로를 해결할 수 있도록 함과 아울러, 산·학·연 공동 기술 개발 체계를 구축하기 위해 '산·학·연 공동 기술 개발 지역 컨소시엄' 사업을 1993년부터 시작하여 6차년도는 '99년 6월에 완료될 예정이다.

대학과 산업체는 공생 관계가 되어야 한다. 다시 말하면 서로가 서로를 필요로 하는 관계여야 한다는 것이다. 오랫동안 대학은 아카데미즘 속에 안주하고, 기업은 당면한 현실 타개에 급급한 나머지, 각자의 독자적인 길을 걸어온 것이 국내의 상황이었다. 지난 30여 년간 전국민이 합심 노력하여 반도체 생산 세계 1위, 조선 공업 세계 2위, 자동차 공업 세계 5위 등 놀랄 만한 기록을 달성하고도 우리의 기술력은 여전히 취약한 상태에 머물고 있다. 그렇다면 이 시점에서 무엇이 문제가 되는 것인가?

그것은 우리가 원천 기술이나 핵심 첨단 기술을 갖고 있지 못하기 때문이며, 이의 타개를 위해서는 산·학·연·관 등 모든 가능한 주체들의 협동이 절실하다.

그간의 산학 협동이란 인력 수급이 기본 기능이었으며, 최근에야 기술 경쟁력 강화를 위한 산학간의 협동 연구 개발에 관심을 갖게 되었다. 그러나 산학 협동이란 기술 분야뿐 아니라 타 영역에서도 가능하며, 산학 협동을 활성화하기 위한 몇 가지 방안을 정리하면 다음과 같다.

첫째, 상호 교류 기회의 확대가 있어야 한다.

협동이 강제력을 가진 상태에서 일방적으로 진행되는 것은 거의 불가능하며, 그 관계가 계속 지속되기는 더욱 힘들다. 대학과 산업체간의 손쉬운 교류부터 시작하는 것이 바람직하다. 대학의 각종 행사에 참여의 기회를 제공하거나, 활발한 이업종 교류를 추진하며, 또한 산학 서로 간의 문을 개방하여 자연스럽게 만남의 장을 마련하는 것이 필요하다. 이러한 만남을 통하여 서로의 관심사를 알게 되고, 상호 이해가 싹트며, 공동의 관심사가 표출된다면 이의 해결을 위한 방법을 쌍방이 서로 모색하게 될 것이다.

둘째, 공감대 확장과 공동 노력이 필요하다.

오랫동안 협동 주체간에 성장해 온 토양이 다르기 때문에 한 번에 새로운 일을 접목시킨다는 것은 힘들고, 쌍방간의 선입견을 갖고 있으며, 인식 차가 있는 것이 어쩌면 당연할 것이다. 그러나 공동의 관심사를 찾고 공감대를 확대하려는 적극적인 의지가 있다면, 혼자서는 어려웠던 일을 수월하게 해결할 수 있다. 공통 관심사를 추진하기 위해서는 필연적으로 쌍방간의 인력·물자 및 시간의 투자가 필요하고, 공동의 의지와 노력이 따르지 않는다면 공동 관심사의 원활한 해결은 어려울 것이다.

셋째, 대학 교육 목표의 현실화가 필요하다.

대학에서는 교육 목표를 현실화하여 양성된 인재가 실제 근무하게 될 산업체의 여건에 잘 적응할 수 있도록 보완할 필요가 있다. 방학 기간 중을 이용하여 대학생 기술 지원단을 구성하여 자연스럽게 기업에 대한 마인드를 가질 수 있도록 하여야 한다. 최근 대학의 보유 기술을 공개하여 기업에서 활용하게 하려는 움직임이 있는 것은 고무적인 상황이다. 그러나 아직도 대학 내에서 실용화 기술 등에 큰 관심을 갖고 있지 않는 것이 현실이며, 향후에는 산업계의 요구에 부응하는 대학 교육 목표의 재정립이 필요하다.

넷째, 학계와 산업계의 인적·물적 교류가 확대되어야 한다.

현장 경험이 풍부한 산업체의 전문 인력을 대학에 겸임 교원으로 활용하고, 대학의 체계적 분석 능력이 있는 전문가를 산업체에 초빙하여 겸임 임직원으로 활용할 수 있는 제도적 장치를 마련해서 상호 보완적인 역할을 할 수 있도록 한다면, 현재 연구 인력의 효율적 활용이 가능할 것이다.

또한 산업체의 기술 인력 재교육을 대학에서 수행함으로써 기업체의 대학에 대한 관심을 높이게 하고, 급변하는 기술 수준에 맞추어 기업이 기술 경쟁력을 갖도록 한다. 또한 재학생들에게는 기업체에서의 현장 교육 기회를 부여하여 대학생들의 현장 적응 능력을 배양하고, 협동 주체간의 상호 교류를 확대하게 한다.

대학은 고가의 실험 계측 장비가 많은 반면, 산업체는 다양한 종류의 고가 산업용 장비가 있으며, 상호 협동을 위해서 장비와 시설 등을 개방하고 활용할 수 있게 한다면 산학 협동의 실질적 효과를 거두는 데 도움이 될 것이며, 이러한 인적·물적 교류를 통해 밀접한 산학 협동의 관계가 지속될 수 있을 것이다.

다섯째, 산·학·연 협동을 위한 환경 조성 및 지원 확대가 필요하다.

지역별·산업별 특성에 맞는 산·학·연 협동 연구 단지를 조성하여, 산업 현지에서 직접적인 문제 해결과 기술 개발이 가능하도록 정부와 지자체는 환경 조성과 재정 지원을 확대하여야 할 것이다. 현재 정부에서 테크노파크 등의 조성에 관심이 있으나, 새로이 다양한 형태의 모델을 개발하여 지역과 주변 사업체의 특성을 살릴 수 있는 방안이 강구되어야 하겠다.

여섯째, 산·학 협동 형태의 다양화·계층화·특성화가 필요하다.

산·학 협동의 방식은 기업의 규모, 관련 분야, 협동 분야의 성격, 지역의 특성, 기술의 수준에 따라 달라질 수 있으며, 융통성 있는 협력 체제의 구축이 필요하다. 즉, 협동 주체의 상호 이익을 위한 자율적 추진이 필요하다.

협력 분위기의 조성이나 국가적 지원 체계 등은 중앙 정부에서 주도하는 것이 바람직하나, 협동 당사자의 자율적 운영 형태가 전제되어야 하며, 획일화된 형식을 탈피할 필요가 있다.

산·학 협동의 주체들이 소재하고 있는 지역의 특성, 즉 산업 형태·산업체 규모·도시 형태 등에 따라 달라질 수 있으며, 산업 분야나 기술 수준에 따라 협력 연구 및 특성도 다양화되어야 한다. 또한 중소 기업과 대기업, 제조 업체와 첨단 벤처 기업의 기술 요구 수준에는 상당한 차이가 존재하므로, 계층별 특성에 따라 협동의 방법이 달라야 하는 것은 자명하다.

일곱째, 산·학 협동 분야의 다양화를 확대해야 한다.

산·학 협동은 과학 기술 분야의 연구 개발만을 의미하는 것으로 인식되어 있으나, 실제는 넓은 영역에서 협동이 가능하다. 산업체는 기술 인력의 수급뿐만 아니라, 다양한 분야에 있어 대학의 역할을 기대하고 있고, 대학을 통한 정보의 제공, 평생 교육, 산업체 구성원의 삶의 질을 높이기 위한 각종의 영역에서 상호 이해와 참여를 바라고 있다. 흔히 말하는 대학의 3가지 기능, 즉 교육·연구·봉사의 모든 영역에서 산·학간의 협력은 가능한 것이며, 이로써 산업체와 대학의 밀접한 관계가 지속될 수 있다.

여덟째, 네트워크를 활용한 산·학·연의 협동 강화가 요구된다.

정보 통신의 발전은 컴퓨터 앞에 앉아서 필요한 정보를 손쉽게 얻을 수 있게 하고 있으며, 직접 현장에 가지 않아도 일을 할 수 있게 한다. 하지만 아직도 필요로 하는 기술을 어디에 문의해야 할지, 어떻게 구해야 할지 모르는 경우가 많으며, 이미 국내에서 개발된 전문 기술인 것도 모르고 해외에서 그것을 찾는 경우도 왕왕 있다. 가까운 곳에 전문가가 있는데도 항상 문제가 있으며, 문턱이 높기로 소문난 몇몇 전문 기관을 찾는 것이 비일비재한 현실인 것이다.

이것은 국내 정보의 DB 구축률이 아직 낮고, 산업체에서 네트워크 활용이 미흡한 것인 한 원인이다. 최근 DB 구축의 필요성을 인식하여 국내의 각 기관에서 경쟁적으로 유사한 분야의 정보 DB 구축을 위한 자료를 요청하고 있다. 심하면 거의 같은 내용을 한 달에도 수차례씩 작성하는 것이 도로 보수 공사를 한답시고 한겨울에 수차례씩 땅을 파고 덮고 하던 주변에서 흔히 보던 세태를 생각나게 한다. 중앙 정부 차원의 체계적 DB 구축과 각 대학이나 전문 기관 별로 자체 홈페이지 등을 통해 연구 인력·연구 분야·시설 및 기자재 연구 결과 목록에 대한 정보가 제공되고, 산·학·연 협동 주체끼리 통신망을 통한 네트워크가 구축된다면 산·학·연의 협동은 더욱 손쉬워지며 강화될 것은 분명하다.

아홉째, 정보·인력·시설에 대한 공유가 필요하다.

국가 경쟁력이 기술 수준에 의해 가늠될 것이라는 21세기를 목전에 둔 지금 중복 투자나 중복 연구, 불필요한 투자는 경쟁력을 약화시키는 중요 원인이 되고 있다. 하지만 현실은 이기적 발상하에 정보를 제공하는 것 차제를 기피하거나, 공공 성격의 시설이나 장비가 활용률이 낮은데도 불구하고 운영상의 문제점을 들어 공동 활용되지 못하는 경우들이 흔하다. 이러한 중복 재투자는 국가적인 낭비를 초래한다.

열째, 최고 결정권자의 의지가 중요하다.

대학이나 산업체의 최고 정책 결정권자의 의지가 무엇보다 중요한 이유는, 대학의 입장에서는 산·학 협동이 한 명의 교수, 1개 학과의 문제가 아니라, 대학 전체의 정책적 의제가 될 수 있도록 하여야 하며, 참여 교수에 대한 인센티브 제도를 활용하여 연구의 충실도를 높이고 사기를 진작시켜야 한다.

산업체의 입장에서는 기다릴 수 있는 시간이 없기 때문에 기술 개발에 대한 투자에 대해서도 단기적인 수입을 기대한다. 그러나 기업체 경영자가 각자 자신들이 생산하는 고유 제품이 없음을 부끄러워하지 않고, 기술자들이 성능이 우수한 제품을 생산하는 데 노력하지 않고 자부심을 느끼지 못하는 분위기라면, 우리의 내일은 회의적이라 할 수 있다.

열한째, 규제 완화와 불필요한 관의 개입 억제가 필요하다.

산·학 협동을 하다보면 중소 기업 관련 기관이나, 지방 자치 단체의 개입이 많아진다. 기술 개발의 중요한 주체는 대학과 기업이다. 관은 이러한 주체들이 연구의 효율성을 극대화할 수 있도록 지원해 주는 역할에 중점을 두어야 한다. 즉, 보이지 않는 손의 역할을 해 주어야 한다는 것이다. 그러나 관의 역할이 과다하게 많아지고 개입이 많아지면, 실제 기술 개발에 역점을 두고 진행하는 데 여러 가지 어려움이 있다. 연구를 진행함에 있어 과도한 서류 구비 요구와 규제로 인해 연구의 진척이 더뎌지거나, 아예 시작 전부터 힘을 다 빼는 경우가 비일비재하다.

관은 연구의 주체자들이 신명나게 연구할 수 있는 분위기 조성에 만전을 기해야 한다. 규제 완화와 관의 불필요한 개입이 자제되어야 산학 협동이 충실한 수행과 주체간의 상호 교류가 가능해진다는 의식의 전환이 요구된다 하겠다.

산·학 협동이 되기 위해서는 무엇보다도 먼저 상호간의 신뢰가 중요하다. 중소 기업의 입장에서는 최소의 비용으로 최대의 효과를 가져 오려고 하는 노력뿐만 아니라, 정말 목숨을 걸 만큼 중요한 일로 생각해야 한다. 대학의 입장에서 연구 과제는 반드시 결과를 도출하겠다는 의지가 있어야 할 것이다.

국가 경쟁력 제고는 국가 경제의 중요한 과제이며, 이러한 경쟁력은 기술에서부터 시작된다. 산·학 협동은 간단히 이야기하면 교육 기관인 대학과 산업 현장인 기업간의 협력을 말하는 것이며, 기업이 제공하는 현장을 대학에서 익히고, 대학에서 개발한 기술을 기업에서 상품화하는 것으로 이해할 수 있다.

결론적으로 활성화 방안은 첫째, 대학·연구 기관·산업체 사이의 교류 증진 및 겸직 허용이다. 대학의 교수와 산업체의 기술자들이 서로 다른 분야에서의 경험을 다른 분야에 전달하고, 이를 통해서 상호 보완과 이해의 폭을 넓히기 위해서는 실효성 있는 제도를 만들어야 한다.

둘째, 대학 교육의 산·학·연 연계 강화이다.

학교와 연구소의 연구인들은 산업체의 제품 개발과 관련된 연구에 노력을 배가하여야 한다. 연구의 결과를 정리하는 단계에서도 항상 산업체의 기술인들에게 바로 제품의 개발과 설계 및 생산에 응용이 용이하도록 배려해야 한다.

교수들의 이러한 응용 연구는 경우에 따라서는 논문화하여 학술 연구의 업적으로 승화되지 못하는 경우가 있으나, 우리 나라의 기술 발전에 큰 기여를 하게 된다. 따라서 이러한 노력은 교수로서, 연구인으로서 자부심을 가질 수 있는 업적이므로 정당하게 평가되도록 해야 한다.

셋째, 첨단 산업 기술 확산을 위한 계속 교육 사업 및 원격 교육 실시이다.

기술은 **빠른** 속도로 발전하고 있으며, 특수한 분야는 매일을 두고 혁신되고 있다. 이러한 새로운 기술에 대하여 산업체의 기술인들을 교육시키는 것은 산·학 협동 및 산업체 기술력 향상을 위해서도 바람직하다. 대학은 이러한 교육의 기회를 연속적으로 제공해야 한다. 대학의 정규 교육·특별 교육 과정 설치·주말 강좌·야간 강좌 등을 활용하면 효과적이다.

　원격 교육은 가상 교실을 통하여 대학 및 산업체·연구소·정부 기관에서 제공하는 강의를 다른 대학, 또는 산업체의 연구소, 정부 기관에서 실시간으로 수강하고 질의 응답하는 것을 가능하게 한다.

　넷째, 중소 기업 기술 지원 강화이다.

　우리 나라의 중소 기업체는 대부분 관련된 기술자를 확보하지 못한 채 제품을 생산하고 있는 업체가 많다. 특히 이러한 기업체는 주위에 어떠한 전문가가 있으며, 이들에게서 어떠한 도움을 받을 수 있는지에 대한 정보를 얻지 못하는 어려움을 겪고 있다.

　이렇듯 대학과 산업체는 공생 관계가 되어야 한다. 즉, 서로가 서로를 필요로 하는 관계여야 한다는 것이다.

　오늘날 대학은 위기를 맞고 있다. 미국의 스탠퍼드 대학이 대학 재정의 어려움을 헤쳐 나가기 위해 눈을 돌렸던 곳이 바로 산·학 협동이다. 우리 나라 대학 역시 이제는 상아탑으로서의 고고함보다는 지역 사회와 연계한 다양한 프로그램을 개발하여 지역 사회와 하나되는 열린 대학을 만들어 나가야 할 것이다.

7
지역 사회에 봉사하기 위해 무엇이 필요한가?

　1996년, 필자가 근무하는 대학교에서 산·학·연 공동 기술 개발 지역 컨소시엄 사업 관계로, 경남 지역 특히 김해 지역을 방문할 때의 이야기이다. 무덥던 여름, 점심 식사를 하기 위해 학교 근처의 복국 집에 앉았다. 이런저런 이야기를 하다가 대학이 지역 사회와 함께 할 수 있는 일이 무엇이 있겠는가라는 이야기를 어느 분이 꺼냈고, 이 기회에 지역 사회와 함께 하는 프로젝트를 해 보는 것이 어떠하냐는 의견이 나왔다.

　대학의 고유 기능이 연구·교육·봉사라고 한다면, 그 동안 연구와 교육의 기능은 잘 수행하고 있으나, 지역 사회와 함께 하는 봉사의 기능은 미약했다는 점에 모두가 동감하였다.

　특히 필자가 근무하는 대학교는 중소 기업이 시·군 단위로는 전국에서 가장 많은 김해 지역에 위치하고 있음에도 불구하고, '기업체가 영세하다', '사장이 기술 개발 마인드가 없을 것이다' 등의 이유로 대학과의 연계가 거의 되지 않고 있는 실정이었다.

 김해시는 인근 양산·창원과 함께 경남 최대의 중소 제조 업체의 집결지이며, 현재 2,300여 개가 넘는 중소 기업이 있다. 또한 접근성으로 볼 때도 남해 고속 도로와 경전선이 동서로 연결되어 있으며, 가덕도 신항만과 대구 경북 연결 철도 및 고속 도로 건설로 전국으로 접근이 용이하며, 김해 공항이 있어 동남권 교통, 물류의 중심지로 부상하고 있는 도시이다.

 구체적으로 우리가 주축이 되어 산·학 협동을 통한 중소 기업의 애로 기술 개발과 경영 지도를 통한 생산성 향상을 이룩하는 일을 해 보는 데 의견을 모았다.

 그 날 이후 곧바로 학내에 추진 위원회를 구성하고, 실질적인 일을 시작하게 되었다.

 대학이 지역 사회에 봉사하기 위해서는 대학의 독자적인 역할보다는 지방 자치 단체인 김해시와 지역 중소 기업인을 대표하는 김해 상공 회의소 등과 함께 팀워크를 형성해, 각자의 역할에 맞게 상호 보완적인 관계를 정립하고 컨소시엄을 구성하면 어떻겠는가 하는 안이 나와 이 사업을 추진하기로 잠정 결정하고, 김해시에 이런저런 내용으로 만나고 싶다고 통보를 했다. 그랬더니 지방 자치 단체에서는 규정이 없으니 곤란하다는 통보가 왔다. 그래서 전국 지방 자치 단체에서 대학과 산학 협력을 하고 있는 리스트를 확보했다.

 그 자료를 가지고 김해시와 김해 상공 회의소 관계자들을 수차례 접촉하였다. 그러한 결과 3개월 정도 후에는 김해 시장에게 사업

계획서를 브리핑할 수 있는 기회가 만들어졌는데, 긍정적인 반응을 나타냈다. 김해 상공 회의소도 역시 긍정적인 반응을 보였다.

사실 이 때까지는 관계 기관들을 설득시키고 이해시키는 데 주안점을 두었는데, 이 일이 해결되고 나니 넘어야 할 산이 또 기다리고 있었다. 이제는 대학 내의 관련 교수님들을 산·학·관 협동 사업에 참여하도록 설득하는 데 그리 쉽지 않았다. '왜 그렇게 어려운 일을 하려고 하느냐, 잘못되면 어떻게 하려고 하느냐?' 등의 사기를 저하시키는 소리만 할 뿐 누구 하나 발벗고 나서려고 하지 않았다. 그러나 여기에서 멈출 수는 없었다.

'네 시작은 미약하였으나, 네 나중은 심히 창대하리라'는 성경 구절까지 떠올리면서 어떠한 희생과 대가를 치르더라도 반드시 이 사업을 성취하겠노라고 굳세게 마음을 먹었다.

사업의 첫단계로써 기업체에서 원하는 것이 무엇인가를 알기 위해 설문 조사를 하기로 했다.

김해 상공 회의소를 통해 기업체의 주소를 확인하고 우편으로 애로 기술이 무엇인지를 파악하기 위해 설문지를 보냈으나, 반응이 그리 신통치 않아 직접 회사를 방문하고 애로 사항을 청취하기로 하였다. 그러나 무턱대고 회사를 방문하는 데는 한계가 있었다. 따라서 직접 발로 현장을 뛰어다니는 것도 중요하지만, 조직적인 틀을 만들어야 되겠다고 생각했다. 그리하여 1996년 11월 인제대학교 백낙환 총장, 김해시 송은복 시장, 김해 상공 회의소 박영석 회장, 그리고 기업체 대표 100여 명이 모여 산·학·관 공동 기술 개발 지역 컨소시엄을 체결하고 실질적인 사업을 하기로 하였다.

그 후 몇 개월 동안 중소 기업을 직접 방문하고 현장의 소리를 들어보니 무엇을 어떻게 도와주어야겠다는 확신이 섰다. 대부분의 중소 기업이 한계를 느낀 점은, 첫째 전문적인 기술 부족으로 기존 기술을 이용한 신제품 개발이 어려우며, 둘째, 표준화를 이용한 공학적 기법이 부족한 편인데, 이러한 부족한 면을 대학에서 지원해 주면 되겠구나 하는 생각이 들었다.

인제대학교에 오면 중소 기업의 많은 문제가 해결된다는 인식을 심어주는 것이 무엇보다 중요하다는 생각이 들었다. 그리하여 지원 내용을 생산 기술 및 신제품의 연구 개발, 중소 기업체 기술 지원 및 교육, 경영 분석 및 시장 조사, 해외 통상을 위한 어학 교육 등 명실 상부한 중소 기업 지원의 메카로 자리매김하기 위한 모든 방법을 다 동원하였다.

방문 예정 업체 100여 개의 리스트를 만들어 직접 현장 깊숙이 파고들자는 전략을 세웠다. 첫단계가 지역 내 중소 기업들에게 산·학 협동의 필요성을 역설하는 일이었는데, 대학이라는 곳이 현재까지는 이론에만 치우치고 현실과는 동떨어졌다고 생각하는 중소 기업인들에게 그 필요성을 어필한다는 것은 여간 어려운 일이 아니었다.

또한 막상 기업체를 방문했을 때의 "대학에 맡겨 보니 안 되더라. 대학에 맡기면 책임감 없이 그저 그렇더라"라는 식의 시큰둥한 반응이 뭔가 해 보려는 적극적인 의지를 꺾기도 하였다. 또한 마케팅을 하기 위해서는 제품 설명서가 필요하듯이 단지 대학이 산학 협동을 해 보려고 하니 해 보자는 식이 아닌, 중소 기업체에서 보고 판단할 수 있는 것을 만들어야 되겠다고 생각했다.

 거기에서 착안하여 '인제대학교 중소 기업 지원 테크노 센터 연구진 안내' 책자에 각 교수들의 학력 사항, 관심 산학 협동 분야, 그 동안 산학 협동 추진 실적, 연구실 전화 번호, 팩스 번호 등을 수록하여 언제든지 애로 사항이 생겼을 때 문제된 분야의 전공 교수를 찾아 자문을 받도록 하는 채널을 만들었다. 126명의 이공 계열 및 상경 계열 교수들에게 사진을 제출하게 하고 취지를 설명하는 데도 쉽지는 않았지만, 그래도 적극적으로 참여해 주었다. 며칠 밤을 세우면서 만들었던 책자가 발간되고 각 기업체, 김해시 및 김해 상공 회의소에 보냈을 때 반응이 매우 좋았다.

 중소 기업체에서는 그 책자를 보고 우리 팀에게 문의 전화를 거는 횟수가 늘어나고, 사장실의 책상 위에 올려져 있는 자료 중에서 중요한 자료로 취급되고 있었다. 그렇게 함으로써 대학과 기업체·김해시·상공 회의소와의 거리가 조금씩 가까워지기 시작하였다.

 중소 기업체 방문 중 아직도 잊혀지지 않는 사장이 있다. 서린기계공업주식회사 양윤근 사장인데, 우리 팀이 방문한다고 했을 때 다른 기업과는 다르게 적극적으로 환영하는 분위기였다. 오전 10시경에 방문을 하였다. 외형상으로 보기에는 조그마한 규모의 기계 부품 가공 업체로서 다른 기업체와 다를 바가 없었다. 그러나 양사장과 대화가 계속되면서 다른 사장과는 달리 신기술 개발에 대한 관심과 의지가 대단한 것을 느낄 수 있었다. 한편 대학에서 직접 회사 방문을 했다는 것 자체에 매우 고마워하는 표정이었으며, 특히 "섬기는 자세로 지역 사회에 봉사하겠다"는 필자의 말에 감동한 양사장의 눈가에 눈시울을 적시는 것을 볼 수 있었다. 이야기를 하다보니 점심 식사 시간에 되었다. 우리 팀은 어느 회사를 방문했을 때 절대로 식사나 다른 접대를 받지 않는다는 원칙을 세웠던 터라, 식사는 저희들이 다른 곳에 가서 하겠다고 하고 일어서자, 양사장이 어깨를 잡고 회사 구내 식당에서 직원들과 함께 점심 식사를 하면 되니 식사 후 더 이야기를 할 수 없겠느냐고 해서 어쩔 수 없이 회사 구내 식당에서 식사를 하고 오후 3시경에 회사를 나섰다.

그 당시 우리 팀은 너무도 열악한 재무 상태와, 신기술 개발에 관한 의지의 결여 및 산학 협동에 대한 불신 등으로 가득 차 있는 중소 기업체 사장들을 많이 만나 이 사업이 과연 잘되겠는가 하는 회의를 가진 터였는데, 큰 힘을 얻을 수 있었다. 양사장과 같은 회사 대표가 있는 이상은 우리의 힘이 필요하고, 우리가 일해야 하는 가치는 충분히 있다. 죽을 각오로 하면 무엇이 안 되겠는가? 그것이 안 된다면 우리의 노력이 부족한 탓이다. 모든 껍데기를 벗어 던지자, 눈높이를 회사 수준에 맞추자, 섬김의 자세를 가지자 등의 스스로의 외침을 가슴 깊은 곳에 삼키며 열심히 뛰어다녔다.

첫사업으로 중소 기업청과 경상남도가 주관한 산·학·연 공동 기술 개발 지역 컨소시엄 사업 대학으로 지정되어야 되겠는데, 지정받기가 대단히 어려웠다. 다른 조건은 차치하고서라도 기본적으로 회사가 10개가 넘어야 컨소시엄 구성 자격 요건을 갖추게 되는데, 새로 시작한 입장에서 10개의 회사를 모집하기란 쉽지 않았다. 사업 설명회를 갖고 난 후에는 14개가 되었다. 이젠 됐다 싶으면 회사가 어려워 안 되겠다고 취소하는 일이 벌어지고 해서 10개 이하로 내려가 버리는 일이 계속되었다. 이러다가는 이 사업이 성사되지 않을 수도 있겠다는 우려를 가지고, "이 사업을 반드시 성공시키기 위해서는 죽을 각오로 뛰어야 한다"라고 스스로 다짐하였다. 컨소시엄 사업 계획서 제출 시한이 다가올 즈음 몇 주간은 아예 숙식도 학교에서 해결하면서 밤늦도록 기업체 사장들에게 전화하여 설득했던 기억이 지금도 생생하다.

그 결과 인제대학교는 '97 산·학·연 공동 기술 개발 지역 컨소시엄 사업 대학으로 지정되어 '97년에는 13개 회사와 13개 과제, '98년 20개 회사와 20개 과제로 산학 협동을 열심히 추진하고 있다.

백낙환 총장님의 적극적인 지원으로 1997년 5월에는 드디어 인제대학교 부설 기관으로 중소 기업 지원 테크노 센터를 설립하고, 중소 기업을 위한 지원 기관의 역할을 다 하기 위해 최선의 힘을 쏟고 있다.

인제대학교 중소 기업 지원 테크노 센터는 '97년, '98년에 벤처·중소 기업 창업 대학을 3회에 걸쳐 개설해 시민들로부터 매우 좋은 반응을 얻은 바 있고, 또한 지역의 많은 중소 기업의 애로 기술을 개발케 하는 창구로서의 역할을 잘 수행하고 있으며, 대학 교수와 기업체간의 벤처 기업의 육성에도 크게 한몫을 하고 있다.

인제대학교는 중소 기업의 문제라면 '만법귀일 생사불이(萬法歸一生死不二)'의 각오로 섬김의 자세를 견지한 채 언제든지 달려갈 준비를 하고 있다.

제4장
제도 개혁과 대학

1
대학형 팀제를 만들자

각 대학에 언제부터인가 팀제 열풍이 불고 있다. 모든 대학 조직에서 팀제를 해야 한다고 야단이다. 팀제의 개념은 '수직적·수평적으로 가로막고 있는 조직간의 장벽을 부수어, 유연하고 폭넓게 인재를 활용하고자 하는 단위 조직'이라고 되어 있다. 팀제의 핵심 개념은 '수직적 장벽·수평적 장벽' 두 가지로 나누어 볼 수 있다.

먼저 수직적 장벽이란 기업의 입장에서 볼 때 사장 → 부사장 → 임원 → 부장 → 차장 → 과장 → 대리 → 사원이라는 조직의 계층을 지칭하는데, 사장에서 담당자에 이르기까지의 8단계라 업무 추진에 있어서 장애 요인이 된다는 뜻이므로, 이러한 계층 라인을 최소화시켜 보자는 의미가 담겨 있다.

요즘 들어 팀제를 도입한 기업에서 결재 단계를 종전의 8~9단계에서 3~4단계로 축소한 것이 팀제의 수직적 장벽을 없앤 결과로 보면 될 것 같다.

둘째로 수평적 장벽인데, 이는 생산부·구매부·판매부·경리부·관리부·영업부 등 기능식 조직에서 볼 수 있는 기능 수행 부서이다. 기능 부서별로 수평적으로 나열한 것이 부서 이기주의, 조직 비대화, 관료 조직화, 부서간 책임 회피 등을 초래하게 되었다.

결국 수평적 장벽을 제거하기 위해 나온 대안이, 밑은 평평하며 손잡이 꼭지만 하나 달려 있는 형태의 문진형 조직(flat형), 부서의 과감한 통폐합을 통한 대부대과형(大部大課型), 특수 목적의 수행을 위한 프로젝트형, 여러 기능을 동시에 수행할 수 있는 복합성을 제거하는 일이다. 수직적 장벽과 수평적 장벽을 뛰어넘음으로써 궁극적으로는 고객과의 접근을 용이하게 하자는 의도가 있는 것이다.

결론적으로 팀제에 대한 기본적 정의와 진정한 팀이 갖추어 할 기본 요건을 살펴보면 다음과 같다.

첫째, 팀은 소수의 사람들로 구성되어야 한다. 팀의 크기는 팀의 목표, 특수한 임무 수행 목적, 공동의 접근 방법, 상호 보완적 기술 및 상호 책임 등의 요소에 따라 다를 수 있다. 그러나 많은 수의 사람은 그 규모 때문에 하나의 응집된 그룹으로서의 상호 작용이 어렵게 되고, 따라서 특수한 부문에서 구성원의 동의를 구하기는 더욱 어려워지기 때문이다.

둘째, 팀은 보완적인 기능과 능력을 가진 사람들로 구성되어야 한다. 팀의 업무 수행 결과가 상승 효과를 가지기 위해서는 문제 해결에 필요한 다양한 기능을 가진 사람들로 구성되어야 한다. 이는 팀이 결과를 창출할 수 있는 능력을 스스로 보유하게끔 하는 역할을 한다.

셋째, 팀은 공동의 목적을 공유하고 업무 수행 목적에 몰입하는 사람들로 구성되어야 한다. 전통적 조직 단위와 팀의 주요 차이점 중의 하나는 업무 수행 목표의 설정과 이에 대한 구성원들의 몰입이다. 목표는 구성원들을 하나의 방향으로 결집시켜 주는 역할을 한다. 팀 조직에서는 상위 조직의 전략과 전체 목표를 염두에 두고 팀 구성원들간의 협의를 통해서 목표가 설정되어야 한다. 이 때 팀의 목표는 업무 수행에 지침이 될 수 있도록 구체적이어야 하며, 팀원들과 팀과 자신의 존재에 대해 자부심을 가질 수 있도록 의미 있는 목표가 되어야 한다.

넷째, 팀은 업무 수행이나 문제 해결을 위해 공통의 접근 방법을 사용하여야 한다. 팀이 효과적으로 기능하기 위해서는 업무 수행 방식에 대한 합의가 필요하다. 이는 팀원들간에 잠재적인 불만을 방지하는 역할을 한다. 팀 내 공통의 접근 방법은 주요 과업의 수행이나, 문제 해결 과정을 통해 개발되면 팀의 업무 수행 방식에 대한 규범으로서의 역할을 한다. 즉, 팀의 사업 추진을 위한 첩근 **방법**은 경제적 · 행정적 도전을 충족시키기 위해 팀의 모든 구성원들의 논평 · 재고, 그리고 결정 등에 걸친 실질 작업과 '동등한' 노력을 해야 한다.

다섯째, 팀의 구성원들은 팀의 업무 수행 결과에 대해 상호 책임감을 공유해야 한다. 팀의 구성원들간의 긴밀한 상호 작용과 협조를 통한 업무 수행을 그 근간으로 하고 있으므로 이러한 팀의 취지가 업무 수행 결과에 대한 평가에 반영되어야 한다. 즉, 팀의 업무 수행에 대해서는 팀 전체가 공동 책임 의식을 가져야 한다. 이러한 공동 책임감은 팀 구성원간의 상호 신뢰의 형성과 협조 정신을 배양하는 역할을 한다.

그리고 팀제 도입시 주의해야 할 사항은, 첫째 다른 대학에서 활용되고 있는 팀제가 수평적·수직적 장벽을 동시에 해소하기 위한 완벽한 팀제를 구사했느냐 하는 것이다. 그렇지는 않다. 그 대학이 처한 상황과 특성에 따라 달라져야 할 것이다.

도요다가 팀제를 도입한 목적은 주로 기존의 과·계를 폐지함으로써 수직적 장벽 해소를 위한 것이었고, 가오(花王)가 도입한 횡단 사업부제는 수평적 장벽 해소를 위한 것이었으며, 미국의 기업들이 도입한 복합 기능형은 수직적·수평적인 혼합 장벽을 제거하기 위한 것이었다.

둘째, 팀제의 설계보다 운영하기 위한 하부 시스템에 더욱 신경을 써야 한다. 팀제의 구축은 2주면 가능하지만, 팀제가 제대로 운영되기 위한 작업은 6개월 이상 걸리기 때문이다. 지금 팀제를 도입한 대부분의 대학들이 '명칭상의 팀제'에 머무르고 있는 이유는 팀제 구축과 설계 작업에만 몰두했기 때문이 아닐까 한다.

대학형에 맞는 팀제를 제안해 보면 다음과 같다.

첫째, 조직 구조의 단계를 축소하는 것이다. 기존의 '담당자 → 주임 → 계장 → 과장 → 부처장 → 처장'의 6단계를 '담당·팀장·처장'의 3단계로 개편하는 것이다. 이렇게 함으로써 중간 관리자를 일선에 배치시킬 수 있다.

둘째, 인력 풀제의 일환으로 국책 사업이나 특별 과제 수행을 위한 타스크포스를 필요에 따라 수시로 구성하여 운영하는 것이다.

이러한 요원에 대해서는 미리 관계된 특별 과제에 대해 자료 수집이나 연구를 하게 하고, 결과에 대해서는 정확히 평가를 하여 인센티브제를 도입한다.

셋째, 직원의 인사 고과제를 실적주의 우선으로 개편하고 직무교육을 강화시킨다.

향후 대학은 각 평가에 대해 자유로울 수 없다. 이러한 각 평가에 대한 팀제를 만들어 준비한다면 효과를 거둘 수 있을 것이다.

2
대학 행정 직원 인사 고과 제도의 문제점은?

　연공 서열식 인사 관리에서 탈피하여 인적 자원을 효율적으로 활용하고 능력 개발·육성에 중점을 둔 소위 인간 존중 능력주의 인사 관리를 실현시키기 위해서는 인사 고과에 대한 기본적인 시각과 제도 및 운영면에 있어서의 접근 방법에 변화가 있어야 한다.
　일반적으로 인사 고과는 제도상의 문제점과 운영상의 문제점으로 분류되는데, 이 둘은 엄격히 구분하기 어려운 것이다. 제도가 잘못된 경우에는 그 효율적인 운영을 기대하기 어려우며, 운영상의 문제점은 제도의 정비로 해결 가능한 것이다. 그러나 제도가 아무리 잘 되었다고 하여도 제대로 운영하지 못하면 아무 소용이 없게 되므로 이들 두 가지 문제점들은 하나의 흐름으로 보아야 할 것이다. 이러한 관점에서 대학 행정 직원 인사 고과 문제점들을 살펴보면 다음과 같다.

고과자의 인사 고과에 대한 이해 부족과 정실주의 인사

아무리 합리적인 인사 고과 제도를 마련했다 하더라도 사람이 사람을 평가한다는 것은 지극히 어려운 일이기 때문에, 유능한 고과자가 없는 인사 고과는 소기의 목적을 달성할 수 없다. 그러므로 고과자 훈련을 통하여 평가 기준의 통일은 물론 효과적인 면담 기법을 습득함으로써 관리자로서의 자질을 향상시키고, 올바른 평가 방법을 체득하여야 한다.

조직을 관리 운영함에 있어서 그 성공은 경영자의 강력하고도 적극적인 참여와 후원 없이는 기대할 수 없으며, 또한 모든 구성원들이 개선책이나 제도 자체의 목적과 내용에 대한 충분한 협조 없이는 소기의 성과를 바랄 수 없는 것이다. 따라서 인사 고과는 실시에 앞서 고과자의 인사 고과에 대한 이해가 선행되어야 한다. 즉, 고과자에 대한 교육 훈련이 필요하다.

일반적으로 인사 고과에 대한 교육 훈련을 실시하지 않을 경우 고과자가 가질 수 있는 태도로는 다음과 같다.

① 부하 직원의 평가에 자신을 가질 수 없다.

② 고과 요소와 고과 방법에 대하여 고과자 자신도 이해가 안 되고 신뢰할 수 없게된다.

③ 많은 피고과자들을 세밀히 평가하는 데는 힘이 들고 귀찮다.

④ 자기가 양심적으로 평가할 경우 상사나 부하가 어떻게 생각할지 걱정이 되는 등 여러 가지 불안으로 인사 고과 실시에 대해 적극적으로 협조할 생각이 없어지고, 그 결과 적당하게 처리할 가능

성이 많게 된다. 따라서 인사 고과에 대한 피고과자의 태도는 다음과 같이 나타난다.

㉮ 고과자인 관리층이 피고과자인 자기 자신을 완전히 파악, 이해하지 못한 상태에서 평가를 받는다고 생각한다.

㉯ 고과자의 개인적 감정에 의하여 의식적으로나 무의식적으로 편견된 고과를 받는다고 생각한다.

㉰ 관리자 또는 경영자의 개별적인 통찰력과 종합적인 판단에 의구심을 갖게 된다.

㉱ 인사 고과가 비밀리에 실시되므로 정확성과 결과가 불투명하다는 생각을 갖 게 되는 것 등이다.

이와 같이 인사 고과가 고과자의 인사 고과에 대한 이해가 없는 상황에서는 그 결고가 효과적인 자료가 될 수 없을 뿐만 아니라, 실시 과정에서 발생하는 피고과자의 반항을 해소하지 못할 것이다. 이처럼 고과에 대한 이해 부족은 궁극적으로 고과 결과가 제대로 활용되지 못하는 결과를 가져온다.

한편, 고과의 생명은 공정성에 있다고 할 수 있다. 고과가 공정하지 못한데는 여러 가지 이유가 있겠지만, 가장 큰 이유는 피고과자들의 능력이나 근무 성적보다도 비공식적인 인간 관계를 우선하여 고과를 행하기 때문이다.

그러므로 고과가 불공정한 이유는 고과자의 문제와 대학 조직이 갖는 특성으로 나누어 볼 수 있다. 고과자들의 전통적인 가족주의로 인한 친소 구분 의식은 정실에 의한 고과로 나타나고 있으며,

적당주의에 의한 중용·타협 등의 성격은 가혹한 평정을 기피하며, 온정주의, 즉 잠정적 성격은 평정의 관대화 경향으로 나타난다고 볼 수 있다. 그러나 이러한 관대화 경향은 고과의 불공정성을 초래하여 인사 고과에 대한 불신과 더불어 조직 분위기를 해치게 되는 것이다. 특히 사립 대학의 경우 조직 내의 비공식 집단에 의한 정실 인사의 가능성이 농후한데, 이 점은 배제되어야 한다. 이러한 무원칙한 인사 고과의 결과로 조직 내의 구성원의 사기를 저하시키고 집단의 힘을 하나로 통합할 수 없게 되어 인사 고과 자체를 불신하는 결과를 가져올 수 있다.

많은 대학의 고과자들은 일시적인 친근감에서 부하의 마음을 상하지 않도록, 또는 부하를 비호하려는 생각에서, 그리고 자기 부서가 높게 평가받기를 원하는 생각에서 될 수 있는 한 관대하게 평정하는 것으로 나타나 고과의 장애 요인이 되고 있다.

직무 분석을 통한 인사 고과 실시 미흡

인사 고과는 사람을 평가하는 제도이지만, 근본적으로는 사람 자체를 평가하는 것이 아니라, 구성원이 속하고 있는 조직 내에서 그의 가치를 질서 있게 평가하는 것이다. 그러므로 인사 고과는 직무와 구성원간의 상호 관련성을 파악하고, 그 관계 속에서 수행하고 있는 직무와의 관련성이 강조되어야 한다. 즉 인사 고과는 조직과 구성원의 상호 관계를 파악하기 위해 직무 분석의 과정을 거쳐 개별 직무를 중심으로 직무 기술서와 직무 명세서를 작성하고, 이를 기초로 하여 조직 내에 산재되어 있는 직무 상호간의 상대적 가치를 결정하는 직무 평가가 선행된 다음에 하나의 제도로써 확립되어야 한다.

직무 평가가 한 조직의 목적을 효율적으로 달성하기 위하여 구성된 각 직무의 상대적 가치를 체계적으로 결정하기 위한 제도라면, 이에 대하여 인사 고과 제도는 조직 내의 여러 가지 직무에 종사하고 있는 종업원의 근무 성적이나 능력 등을 그 조직의 업무 달성에 대한 공헌도 및 유용성의 과정에서 그 정도를 평가하여, 이의 상대적 가치를 조직적으로 결정하기 위한 제도라고 말할 수 있다.

즉, 어떤 직무를 수행함에 있어서 종업원에게 요구되는 숙련·지식·능력, 및 책임과 같은 직무상의 제 요건을 알아보는 과정으로서의 직무 분석을 통한 다각적이고 객관적인 근거 위에서 조직 구성원이 지닌 조직에 대한 공헌도와 현재 및 미래의 유용성을 평가하여야 할 것이다.

직무 분석이 정확히 되어 있지 않기 때문에 통일적이고도 체계적인 평가가 되지 못하고 고과자의 주관과 저의에 의한 평가가 되어 버린다는 데 문제점이 있는 것이다. 그러므로 타당한 인사 고과가 수행되려면 어떤 직무와 이를 수행하는 사람과의 관계가 명확히 규정되어야 할 것이며, 인사 고과는 이러한 직무의 수행 결과만이 피평정자의 실적으로서 평가받아야 할 것이다.

지금까지 우리 대학들의 인사 관리 방식은 주로 연공 서열적으로 이루어졌다. 이러한 인사 방식에서 자연히 인사 고과도 연공 우선적으로 이루어져서 인사 제도, 특히 임금 제도에 거의 활용되지 못하고 있다. 이로 인해 임금의 동기 유발은커녕 고정급화되어 능력이 있건 없건 관계 없이 모든 직원에게 일률적으로 임금이 지급되고 있어, 능력주의의 이행을 위한 공정한 처우의 기능을 수행하지 못하고 있다.

 그러한 승진에 있어서는 연수만 채우면 자동으로 올라가거나 인사 고과를 반영한다고 하더라도 승진 후보자에게 자의적으로 후한 점수를 주어 조직 내의 갈등을 야기시키고 있다. 이러한 이유로 현재 대학에 나타나고 있는 현상으로 대학 본부 부서에 근무를 기피하고 있는 것이다. 직무 분석 없이 승진·임금 등이 결정되기 때문에, 고생하면서 일이 상대적으로 많은 본부 부서에 근무를 하지 않으려는 것이다.

 대부분의 대학이 직무 분석이 실시되지 않고 있는 실정이다. 직열이나 직무에 따라 고과 요소를 달리하고 있으나, 너무나 추상적인 개념이 많으며, 따라서 직능에 따른 고과의 차이를 정확하게 파악할 수 없게 되어 전반적인 납득성을 상실하고 있다고 보여진다. 또한 이로 인하여 적정하고 객관적인 고과 요소의 선정은 기대할 수 없게 된다.

고과 요소 제도의 선정 및 고과 요소 가중치 불합리성

 인사 고과 제도를 실시함에 있어 고과 요소의 선정이 매우 중요하다고 하겠다. 따라서 고과자로 하여금 주관적인 판단을 제거하고, 고과 실시상의 오류를 방지하기 위해서는 고과 요소의 선정과 그에 따른 고과 기준 및 착안점이 구체적으로 명시되어야 하겠다.

고과 요소의 선정은 각 대학의 경영 이념과 연계되어 설정되는 것이 일반적인데, 대부분의 대학들은 자기 대학과 다른 경영 이념을 바탕으로 설립되어 있는 타 대학의 고과 요소 제도를 비슷하게 본따는 경우가 많은데, 이것은 인사 고과의 목적이나 취지가 퇴색될 우려가 있기 때문에 지양되어야 한다. 따라서 고과 요소는 대학이 요구하고 기대하는 것을 직원들이 얼마나 수행하고 달성했는가 하는 것이기 때문에 목적 의식을 갖고서 자기 대학의 실정에 맞는 고과 요소를 선정하여야 할 것이다. 고과 요소가 많으면 평가되는 내용이 상호 중복될 수 있고, 적으면 평가 결과의 타당성이 낮아진다. 평가 항목의 수는 능력·정의·성적·업적별로 5~30개가 적절하다. 인사 결정을 위한 평가에서는 평가 항목의 개수를 적게 하고, 계발을 위한 경우에는 많게 하는 경향이 있다. 평가 항목이 평가 영역 전반에서 선정될 때 평가 영역을 대표할 수 있어서 평가 결과의 타당성이 높아질 수 있다. 평가 항목은 직무에 관련되고, 객관적으로 측정될 수 있으며, 대학인들이 승인하고 자료를 경제적으로 수집할 수 있는 것으로, 대학 내 다양한 인사들이 참여하여 편견 없이 공평하게 선정하여야 한다.

그런데 대부분 대학의 인사 고과표에 나타난 고과 요소를 살펴보면, 대개 11~15개의 요소를 두고 있으며, 직위별·직군별 구분에 따른 차이를 거의 발견할 수가 없고, '전문 지식', '기획·창의력'

'이해·판단력'과 같은 수개의 요소를 포함해 포괄적으로 구성되어 있는 등 많은 문제점들을 내포하고 있다. 또한 고과 요소의 설명, 예를 들면 행위의 결과에 대해 스스로 부담하는 자세(책임감), 직분에 따라 예절을 지킴(예절) 등과 같이 애매하고 추상적일 뿐만 아니라, 고과 요소에 대한 가중치조차 일률적으로 주어져 계층간의 뚜렷한 차이를 발견할 수 없다는 것이다.

인사 고과를 실시할 때 고과 기준을 구체적으로 설정하는 것은 가급적 고과자의 주관과 자의적인 요소를 배제하고자 함으로써 고과의 객관성을 확보하기 위함이다. 만일 고과 기준이 추상적이거나 대략적으로만 설정되어 있을 경우에는 고과자의 주관이나 자의적인 요소가 개입될 것은 틀림없다. 따라서 고과 기준 문제는 결코 소홀히 해서는 안 될 중요한 문제임을 인식해야 한다.

고과 요소별 가중치에 대해서 상대 고과에서는 직원 상호간의 차이를 상대적으로 알 수 있으나, 과연 절대적으로 우수한지 어떤지를 알 수 없다. 따라서 절대 고과가 바람직하다고 볼 수 있는데, 절대 고과를 하기 위해서는 개개인의 직무 내지 직위의 내용에 대한 분석이 필요하다. 즉, 구체적인 기준이 설정되지 않으면 안 된다.

평가 단계별 고과자의 독립성 결여

제1, 2차 고과자가 각기 독립적으로 고과를 하여 이를 서로 조정함으로써 실시상의 기술적인 애로를 줄여 공정하고 객관적인 고과를 실시하여야 한다.

　1차 고과에서 높은 평정을 받은 피고과자는 2차 고과에서도 높은 평정을 받을 가능성이 높다. 이는 2차 고과자가 1차 고과의 결과를 알고 있으므로서 고과에 소홀할 수 있기 때문이다. 따라서 하나의 고과표에 1, 2차 고과자가 함께 고과를 하기보다는, 각기 고과표를 사용하거나 고과 요소를 구분할 필요가 있다. 또한 1, 2차 고과 결과가 매우 상이한 경우 이를 조정하게 되는데, 이 때 2차 고과자가 상위직에 있는 경우가 대부분이므로 2차 고과자의 의견이 우선되는 경우가 많다. 이것은 고과의 조정 원칙이 명확히 설정되지 않는 경우에 더욱 일어나기 쉬운 것이다.

　특히 대학의 경우 대부분 2차 고과자가 처·실장·원장인데, 이러한 직책에 있는 고과자는 교원의 신분으로서 2년 정도의 일정한 기간만 보직을 맡고 있기 때문에 개개인에 대하여 잘 모를 뿐만 아니라 별 관심을 두지 않을 수도 있다. 이 결과 2차 고과자가 1차 고과자가 했던 결과에 의존하여 고과를 하기 때문에 독립성이 결여될 수 있다.

일률적 인사 고과의 실시

　대다수의 대학에서 제정하고 있는 '인사 고과 규정'에서 명시하고 있는 인사 고과의 목적을 보면 조직원의 육성을 위해 능력·업적 등을 공정하게 평가하여 승진·승급·상여·교육 훈련·배치 전환 등 인사 전반에 필요한 자료로 활용함과 동시에 합리적인 인사 관리를 실시함으로써, 인사 고과를 인사 관리 전반에 활용한다고 하고 있다. 그러나 앞에서 지적했듯이 통제적인 목적에 편중되어 있으며, 필요에 따라 일시적인 참고 자료로써 활용되는 예가 많다. 즉, 인사 고과의 형식상의 방침으로는 인사 관리 전반에 걸쳐 이것을 활용함을 목적으로 하고 있으나, 직급별로 구별하지 않고 한 장의 인사 고과표에 모든 고과 항목을 포함한 일률적의 고과 형식을 취하고 있거나, 실시 목적 구별 없이 동일한 고과를 함으로써 고과 결과가 인사 관리에 반영될 수 있을 만큼의 충분한 자료를 제공하지 못하고 있는 실정이다.

한편 근무 부서별·직종별로 업무의 내용이 다르고, 거기에 필요한 업무 수행 능력도 분명히 다름에도 대학 전체에 통일된 기준에 의한 인사 고과 제도를 운영함에 따라 직원의 계층별·직종별 업무 특성을 반영하지 못함은 물론, 탄력적 운용이 불가능하다.

직원의 의식 수준 및 사회 경제적 발전 속도 등이 낮을 때에는 통일적이고 표준화된 관리가 효과적일 수 있었으나, 이제는 대학에서도 어느 정도 개별 관리에 필요한 인사 관리의 체계를 구축할 수 있을 정도로 인사 관리의 수준이 향상되어 가고 있으며, 직원의 가치관 변화와 급속한 교육 환경 변화에 수반하여 집단이 아닌 개인의 능력에 따른 공정한 처우가 요청되는 오늘날에는 평가에 대한 납득성·신뢰성이 무엇보다 중요하기 때문에 개별적 평가 시스템이 요청된다.

또한 대부분의 대학이 이용 목적에 관계 없이 절대 평가 혹은 상대 평가를 하고 있는 평정 척도법에 의한 강제 배분 역시 획일적으로 사용되고 있어, 고과 방법상에도 문제가 있다.

인사 고과의 미활용과 고과 결과의 비공개

인사 고과가 제대로 실시되었다고 하여도 그 결과가 활용되지 못하면 아무런 소용이 없게 된다. 인사 고과 제도는 종업원의 근무 능률을 향상시키는 데 그 근본 목적이 있으므로 그 결과를 여러 가지 인사 목적에 보다 효율적으로 활용되어야 하겠다.

또한 직원들의 능력과 적성에 따라 그들을 적재적소에 배치하는 것이 인사 관리의 대원칙이며, 이를 위해서는 인사 고과가 유용한 기준이 되어야 한다. 즉, 각기 종업원들의 근무 능률과 능력에 따라 상여급을 지급하고, 신상 필벌의 인사가 행해지지 않는 한 능률의 증진은 기대할 수 없는 것이다.

따라서 인사 관리의 효율화를 위한 인사 고과도 그 목적을 단순히 조직 내의 질서 유지와 승진의 자료로서만 활용한다거나, 피고과자의 현재 능력을 경영 목적에 효율적으로 이용하는 것에만 그칠 것이 아니라, 피고과자가 스스로 자기 발전에 의욕을 갖도록 함으로써 경영 목표와 종업원의 노력과 목표가 일치하도록 해야 할 것이다. 현재 대부분의 인사 고과가 통제적 목적으로 제도화되었을 따름이고, 이에 따른 직무 평가 및 기타 과학적인 고과자 선정이나 고과자와 피고과자간의 상호 이해를 하는 제도가 되지 못하고 있다. 이는 많은 노력과 비용을 들여 실시하는 인사 고과가 제대로 활용되지 못하고 있음으로 해서 피고과자들은 고과를 경영자가 종업원을 통제하기 위해서 실시하고 있다는 생각이 팽배해, 인사 고과 자체에 대해 부정적인 시각을 가지고 있다.

즉, 지금까지의 인사 고과는 승진·승격·상여에 격차를 두는 것을 주목적으로 하여 실시되어 온 탓으로, 전문 능력보다는 범용성 인재상을 기준으로 한 일반 능력이 강조되어 업무 수행과 관련된 전문 능력의 육성을 제대로 뒷받침해 주지 못했다.

현행 고과 제도가 요소별 고과의 성격을 띠고 있음에도 불구하고 설정된 기준에 의해서 고과를 하는 것이 아니라, 상대적으로 서열 고과를 한 다른 요소별로 재배분하는 등 이러한 이유 때문에 직원들의 신뢰를 얻지 못하고 있다.

공정한 인사 제도로 소문난 삼성의 인사 원칙은 능력주의·적재 적소·신상 필벌을 바탕으로 하고 있다.

첫째, 능력주의 인사 원칙은 수재를 모아들일 수 있었고, 그 결과 오늘날과 같은 삼성의 인적 자원의 기초를 형성했다. 능력주의 인사의 실천 기반은 공정한 평가에서 출발하며, 직원의 사기는 인사 관리 제도의 공정성에 의해 높아진다.

둘째, 적재 적소의 원칙이다. 적재 적소의 원칙이란 사람마다 능력의 차이가 있다고 생각하여 철저히 능력에 따라 배치를 하는 것이다. 적재 적소의 인사를 실현하기 위해서는 개인의 능력을 정확하고 공정하게 평가할 수 있는 시스템을 갖춰야 하는데, 인사 고과

시 평가를 철저히 해 두었다가 활용한다.

  셋째, 신상 필벌의 인사이다. '신상'이라는 면은 능력주의 인사와 일맥 상통하지만, '필벌'은 조직 청결성의 유지라는 면에서 삼성 특유의 제도로 발전되어 왔다.

  대부분 대학의 인사 고과 규정에서는 고과 결과를 제반 인사에 반영하도록 정해 놓고 있으나, 실제로는 인사 결정에의 적용 기준이 명확히 설정되어 있지 않으며, 다만 고과 점수가 극히 뛰어나거나 불량한 경우 참작하는 정도에 불과하여 인사 결정에 고과가 차지하는 비중이나 영향력 또한 극히 미미하여 고과 결과의 활용은 매우 만족스럽지 못한 상태이다.

  고과 결과의 공개에 있어서는 대부분의 대학이 비공개를 원칙으로 하고 있다. 인사 고과가 제도상으로 불신받고 있는 것은 기준이 명확치 않고 결과에 대해 자신이 없는 이유 등으로 고과의 기준과 과정 및 결과의 공개가 이루어지지 못해 고과의 납득성이 떨어지고 있으며, 나눠먹기식 등의 운영상의 폐단이 나타나고 있음에 따라 상사의 입장에서도, 부하의 입장에서도 서로 부담스러운 평가 활동이 이루어지고 있다.

  여기에서 고과 결과의 공개 여부는 각각 그 장·단점을 갖고 있다. 조직에서 고과결과를 공개하지 않는 이유로서 ①고과 결과의 제시는 견해차로 인한 불신감을 조성하는 등 불필요한 물의를 일으키며, ②고과 결과를 솔직히 상담함으로써 좋은 결과를 기대하기 어려우며, ③고과자가 피고과자와의 감정상의 대립을 우려해 객관적인 평가를 하기 어려울 뿐만 아니라, ④공개함에 있어 많은 시간과 노력이 요구된다는 점들을 들고 있는데, 이는 제도상의 문제라기보다 실제 운영상의 난점이라고 할 것이다. 또한 비공개는 고과 평정표의 작성시 흔히 오류를 범하기 쉬운 고참자 우선·진급 해당자 우선·직책 우선·지면 관계·사적 감정 등 편견에 의한 불합리한 평정을 이끌기 쉽기 때문이다.

따라서 인사 고과 결과의 비공개주의는 고과자의 인사 고과에 임하는 태도를 무사안일주의로 흐르게 하고, 적당히 처리하게 할 가능성을 내포하고 있다.

그러나 스태블(O. G. Stable)은 인사 고과의 목적은 능률 향상을 촉진함에 있으므로 이에 부합되지 않는 고과는 폐지되어야 하며, 이와 같은 목적을 달성하기 위해서는 그 결과를 본인에게만이라도 공개하는 것이 절대 필요하다고 하였다. 인사 고과의 결과를 공개하여 피고과자들과 이를 상담하는 것은 첫째, 피고과자가 그들의 능력과 실적의 저조함을 알고 있음으로써 자기 개발을 위한 노력의 목표를 세우게 할 수 있고, 둘째, 인사 고과에 대한 이해와 지지를 얻을 수 있으며, 셋째, 상사에 대한 불만 요소를 납득·이해시켜 사기 향상에 도움이 되어 마땅히 공개되어야 한다는 주장도 있다. 그러나 무엇보다도 고과의 신뢰성을 확보하기 위해서는 고과 결과를 공개해야 한다. 그럼으로써 고과 제도나 고과자에 대한 불신감을 해소하고, 직장 내의 인간 관계에 불필요한 여러 가지 마찰과 갈등을 줄일 수 있을 것이다.

물론 공정성을 확보하기 위해 그 비밀을 유지하는 것이 필요하다는 것은 충분히 인정되나, 실제로는 피고과자들이 비공식적으로 고과 결과를 알고 있는 경우가 대부분이므로, 이로 인한 불신감과 불만을 야기시킬 우려가 크다.

3
대학 행정 직원 인사 고과 제도의 성공 요인은?

고과자의 교육 및 훈련

 인사 고과 제도가 소기의 목적을 달성하기 위해서는 고과자와 피고과자에 대한 교육 훈련이 반드시 필요하다. 고과를 성공시키는 관건은 이를 도입하기 전의 주의 깊은 훈련과 아울러 계속적인 보완 훈련이다.
 대부분 대학은 고과자 훈련을 실시하지 않고 있어 고과자에 따라 고과 기준이 상이할 가능성이 매우 크고 고과 규정·요령·고과 요소의 이해 부족으로 공정하고 타당성이 있는 인사 고과의 실시가 매우 어려울 것으로 생각된다.
 더욱이 각 대학이 모두 고과 전 인사 고과의 목적과 평가 방법·평가 기준 및 활용 등에 대한 교육이 이루어지고 있지 않아 공정하고 신뢰성 있는 인사 고과를 기대하는 것은 어렵다.

인사 고과 제도의 원활한 운영을 위해서는 두 가지 측면을 고려하여야 한다. 즉 인사 고과 규정·요령·평가 기준·고과표(양식) 등의 하드웨어와 평가자의 평정 기술·노하우·평정 철학·평정자 상호의 의사 통일과 같은 소프트웨어이다. 하드웨어는 인사 담당자가 전문 지식·데이터·경험이 있을 경우 단시일에 만들 수 있으나, 소프트웨어는 단시일에 그 노하우를 습득하는 것은 극히 어렵다.

종래에는 인사 고과의 규정·양식 등의 정비가 곧 인사 고과 제도가 잘 되어 있다고 평가되었으나, 인사 고과 제도의 성패의 열쇠는 오히려 평정자가 모든 제도를 정확히 이해하고 공정한 평가를 실시하는 데 달려 있다.

따라서 자기 능력을 향상시키기 위해서 각 대학의 실태에 따라 사례 연구를 통한 평정 실습과 훈련은 다음 목적에 맞도록 실시하는 것이 바람직하다.

첫째, 관리자의 능력 개발을 위주로 교육되어야 한다. 인사 고과의 목적을 달성하고 인사 고과 본래의 취지를 성공적으로 수행하기 위한 모든 교육을 실시하여야 한다. 즉, 고과 실시 중의 시행 착오를 수정하고 문제를 해결할 수 있는 능력을 배양하기 위하여 고과자 훈련이 실시되어야 하며, 부하의 일상의 직무 행동의 상세한 파악을 통해서 부하를 지도 육성하고 대학 행정 직원으로서의 능력 개발을 발휘할 수 있도록 교육되어져야 한다. 그러므로 능력 개발을 위해서 대화 기법, 업무의 위임, 지도 육성과 교육 훈련의 방법, 면접과 설득의 기법, 그리고 지도 상담 방법 등의 관리 능력 향상에 필요한 내용이 포함되어야 한다.
 둘째, 효과적인 고과자 훈련 방법이 이용되어야 한다. 고과자 훈련 방법에는 인사 고과 실시를 위한 지침서에 따라 행하는 강의 방법, 비디오나 슬라이드 등의 시청각 교재를 이용한 사례 연구 방법 등 여러 가지 방법이 있을 수 있으나, 사례 연구를 문장화하여 연습하는 방법이 가장 효과적이다. 고과자간의 판단 기준의 조종과 통일, 포인트의 설정 등 전사적으로 공정을 기하려는 데 그 의의가 있는만큼 실제의 평가시에 현실적으로 적용할 수 있도록 구체적인 방법을 통한 고과자 훈련 방법이 이루어져야 한다.
 셋째, 관리 감독자의 역할과 관리의 본질을 자신 있게 체험하도록 한다.
 관리 감독자는 자신의 업무를 수행하고 부처간의 업무를 효과적으로 수행하도록 부하의 업무를 분장하고 분담된 직무를 수행하며, 부하에게 무엇을 어떻게 해야 하는가를 구체적으로 지도하고, 명확히 할 수 있도록 훈련되어져야 한다. 직무 기준을 명확히 작성하고 부하와의 면담과 대화를 통하여 구체적 목표를 정하고 실천하도록 한다. 이러한 고과자 훈련을 실시하는 이유는 이와 비슷한 문제가 발생될 경우 부하를 보는 방법, 평가 방법, 판단의 자신감과 의연한 태도로 정확한 평가를 하도록 하는 데 있다.
 넷째, 구체적인 직무를 통하여 자기 평가와 상사 평가와의 차이가 어디에서 나타나는지를 확인하고 논의한다. 관리의 목적을 철저히 이해시키고, 부하가 상사를 보는 견해를 달리 하게 하고 인사 고과 결과를 납득시키기 위해서는 부하의 목표 항목, 목표치 달성기한과 구체적인 실행 계획서를 작성도록 지시·원조·확인 지도를 한다. 평가 방법은 구체적인 사실에 의하여 해당 항목에 프롭스트(probst)법으로 본인이 1차 고과자, 상사가 2차 고과자가 된다. 그리고 상호 객관적인 눈으로 자신을 평가하고 반성의 자료로 활용하며, 상사와 대화를 통하여 새로운 목표를 설정하고, 상사는 새로운 목표 설정을 기초로 하여 제2단계로 성과·의욕·업무의 수행 능력을 확인한다. 그리고 부하의 실망과 불신을 사게 된 평가에 대하여는 명확한 분석 과정을 통하여 개선하도록 한다.

업무 분석 작업의 실시

직무 조사·직무 분석은 인사 고과의 기초 작업이다. 인사 고과는 직무 분석과 직무 조사를 통하여 다각적이고 객관적인 근거 위에서 조직 구성원이 지니는 조직에 대한 공헌도와 현재 및 장래의 유용성을 평가하는 것이다.

인사 고과 제도는 임금 관리와 인사 변동의 기초 자료 입수와 교육 훈련 및 적재 적소 원칙의 타당성 검토 등을 목적으로 운영되고 있을 뿐만 아니라, 인적 자원의 효율적 활용을 목표로 하고 있다. 그러므로 인사 고과는 직무 분석을 통하여 다목적이고 객관적인 근거 위에서 조직 구성원이 속해 있는 조직에 대한 공헌도와 현재 및 장래의 유용성을 평가하여야 한다. 일정한 직무의 성질, 구체적으로 그 직무를 수행함에 있어서 종업원에게 요구되는 기능・지식・능력・책임과 같은 직무상의 제조건을 알아내는 과정인 직무 분석이 선행되지 않으면, 객관적인 인사 고과가 되지 못하고 고과자의 주관과 자의에 의한 평가가 되기 쉽다. 그러므로 직무 분석을 통해 직무에서 요구되는 조건에 부응하는 종업원 성과의 고과 요소를 활용하는 것이 바람직하다.

대학에 따라 다르나 인사 고과표를 보면 수 개의 고과 요소로 나열되어 각 요소에 대해 개략적인 정의 혹은 착안점이 명시되어 있다. 이를 기준으로, 가령 '매우 우수' '우수' '보통' '매우 부족' 등과 같은 상당히 포괄적이고도 추상적인 평가 척도를 설정하고 있는 대학들이 대부분이다.

이러한 인사 고과에서는 무엇을 기준으로 평가해야 하는지 불분명하기 때문에, 고과자 자신의 주관적인 판단에 의해 평가를 하지 않을 수 없고, 결과적으로 관대화 경향・중심화 경향 등의 오류를 초래하게 된다.

이와 같이 인사 고과의 고과 기준을 포괄적이고 추상적인 것에서, 직무에 기초한 개별적이고 구체적인 것으로 개선하는 것이 인사 고과의 객관성과 공정성을 높일 수가 있을 것이다.

고과 요소의 합리적 선정

평가 내용은 평가 목적을 성취하기 위해 구체적으로 평가하는 요소이다. 대학 행정 직원의 평가 내용에는 인간적 특성, 성취의 과정, 성취의 산출 등이 있다. 능력 등을 지칭하는 인간적 특성은 성취 개선을 위한 평가에는 부적절하고, 정의적 특성 등을 포함한 성취의 과정 요소는 성취의 개선을 위해 조정이 가능하여 주기적으로 자주 평가되어야 할 영역이다. 그리고 성적 및 업적과 같은 산출 요소는 성취 기회의 불공정 등으로 이의가 많이 제기될 수 있는 영역이다.

이러한 행정 직원의 평가 내용은 평가 목적에 근거하여 결정되어야 하며, 종합적으로 평가할 때에는 능력·정의·성적·업적 영역 중 적용이 가능한 것 모두를 포함해야 한다.

능력에는 직무를 수행하는 데 필요한 자질·잠재 능력·특성·적성·체력·기술·지식·기능 등과 같은 숙련 능력이 있다. 능력 평가는 이러한 요소를 대상으로 주기적·정기적(5년 정도)·체계적으로 실시되어야 한다. 능력을 효과적으로 평가하기 위해서는 직무 능력의 개념을 명료하게 하고, 성취에 관련되며 중요하면서 구체적으로 신뢰롭게 측정할 수 있는 요소가 평가되어야 한다.

정의적 특성은 조직·동료·과업 등에 대한 개인의 태도를 의미하며, 행동 규범과 복무 규율의 준수(규율성), 직무 의무, 성취 개선 방안의 강구, 새로운 과업에의 도전성(적극성), 인간간의 관계성·협조성, 자기 개발의 노력, 책임성 등을 포함한다. 태도는 변화될 수 있기 때문에 성취를 개선하기 위해 1년에 1회 이상 평가할 필요가 있다. 평가 항목들은 개념을 명확하게 하여 누구에게나 동일한 의미를 갖도록 하고, 상호 중복되지 않아야 한다.

성적은 과업 목적의 성취 정도를 의미한다. 따라서 성적 평가는 개인의 직위와 책임에 한정되어야 한다. 이를 위해서는 직위별로 직무를 분석하여 성취해야 할 목적과 과업이 규명되어야 한다. 성적 평가는 목적의 성취 정도를 규명하게 되나, 목적 자체가 비구체적·추상적인 경우에는 과업 성취의 과정 요소를 평가 내용으로 선정할 수도 있다. 대개 연 1회 정도 실시하되, 성적이 누적되기보다는 매년 백지 상태에서 실시되어야 한다. 성적은 성취 의욕의 제고, 과업 목적의 명료화, 성취의 개선 등에 기여하는 행정 직원 평가의 핵심적인 내용 요소이다.

업적은 과업 목적의 성취 정도와 과업의 곤란도 및 포괄성을 의미한다. 따라서 평가 내용도 과업 성취의 양과 질, 과업의 곤란도와 포괄성이 된다. 두 명의 직원이 각자의 과업 목적을 완전하게 성취하여 성적이 모두 100이라고 하더라도 더 곤란하고, 포괄적인 과업을 성취한 자의 업적이 더 많다고 할 수 있다. 업적 평가는 직무의 선택 및 확대가 자유로운 기획직·연구직·개발직·전문직·관리직 등에 적용될 수 있으며, 주어진 업무만을 처리하는 직종에서는 적용되기 어렵다. 그리고 평가 결과를 비교하는 직원들간에는 과업 성취 조건이 동일하여야 하고, 특성상 매년 실시할 필요도 없고, 모든 행정 직원에 적용하는 것도 바람직하지 않다. 대학 행정 직원 중 중·하위직 직원은 업무가 정형화되어 있어서 성적과 업적에는 차이가 거의 없다. 따라서 중·하위 행정 직원은 정의 평가와 능력 평가에 초점을 맞추어야 하고, 상위 직원은 업적 평가에 많은 비중을 둘 수 있다.

평가 항목이 많으면 평가되는 내용이 상호 중복될 수 있고, 적으면 평가 결과의 타당성이 낮아진다. 평가 항목의 수는 능력·정의·성적·업적별로 5~30개가 적절하다. 인사 결정을 위한 평가에서는 평가 항목의 개수를 적게 하고, 계발을 위한 경우에는 많게 하는 경향이 있다. 평가 항목이 평가 영역 전반에서 선정될 때 평가 영역의 개념을 대표할 수 있어서 평가 결과의 타당성도 높아질 수 있다. 평가 항목은 직무에 관련되고, 객관적으로 측정할 수 있으며, 대학인들이 승인하고 자료를 경제적으로 수집할 수 있는 것으로써 대학 내 다양한 인사들이 참여하여 선정하되 편견이 개재되지 않도록 해야 한다.

단계별 고과자의 독립성 유지

각 단계를 고과자는 서로 독립적인 견지에서 고과를 하여 이를 조정함으로써 실시상의 기술적인 애로는 줄여 공정하고 객관적인 고가를 꾀하여야 한다. 1차 고과에서 높은 평정을 받은 피고과자는 2차 고과에서도 높은 평정을 받을 가능성이 높다. 이러한 이유에서 2차 고과자가 1차 고과의 결과를 알고 있는 경우 고과를 소홀히 하기 쉬운 것이다. 따라서 하나의 고과표에 1, 2차 고과자가 함께 고과를 하기보다는 각기 다른 고과표를 사용하거나 고과 요소를 구분할 필요가 있다.

또한 1, 2차 고과 결과가 매우 상이한 경우 이를 조정하게 되는데, 이 때 2차 고과자가 상위직에 있는 경우가 대부분이므로 2차 고과자의 의견이 우선되는 경우가 많다. 이것은 고과의 조정 원칙이 명확히 설정되지 않는 경우에 더욱 일어나기 쉬운 것이다.

특히 대학의 경우 대부분 2차 고과자가 처장·실장·원장인데, 이러한 직책에 있는 고과자는 교원의 신분으로서 보직을 맡아 2년 정도의 일정한 기간만 책임을 맡고 있기 때문에 개개인에 대하여 잘 모를 뿐만 아니라 별 관심을 두지 않을 수도 있다. 이 결과 1차 고과자에 의존하여 고과를 하기 때문에 독립성이 결여되어 있다.

이에 대한 개선 방안으로는 1차, 2차 고과자를 개별적으로 하여 고과하도록 하고, 고과 점수를 1차 고과자에 대해 2차 고과자에게는 적게 주는 방안을 검토해야 한다.

목적별 및 직군별 인사 고과의 분리

인사 고과는 활용 목적·직군 대상에 따라 평가 기준 및 절차를 달리해야 한다. 이를 보다 구체적으로 살펴보면 다음과 같다.

첫째, 인사 고과는 활용 목적에 따라 평가 기준 및 방법을 달리해야 한다. 임금을 주기 위한 기초 자료로 인사 고과를 실시할 경우에는 종업원이 잠재력보다 현실적인 기여도에 중점을 두어야 하며, 훈련 계획 작성의 기초 자료로 활용하려 할 때는 종업원의 잠재 능력에 중점을 두어 평가 기준과 방법을 선정해야 한다.

둘째, 인사 고과는 계층별 대상·수직적 대상에 따라 평가 중점이 다르다. 기능적 고과에서는 기능 중심의 작업 능력 항목을, 관리층 고과에서는 판단 및 통솔 능력 중심의 관리 능력 항목을 강조해야 한다.

셋째, 인사 고과는 기능별(수평적 대상)에 따라 평가 중점이 다르다. 기능 및 일반적 업무 직종에는 양이 중시되며, 기획 및 전문 업무 직종에는 질이 중시된다.

이상과 같이 인사 고과는 목적과 직군에 따라 그 기준과 방식이 다른 고과 제도를 선택하게 된다.

인사 고과의 근본적인 목적은 대학 행정 직원의 특성과 공헌도를 전통적이고도 고도화된 조직적 방법으로 측정하는 데 있다. 그러므로 인사 고과시에는 목적별, 직군별 개인의 특성을 평정하고 동시에 개인의 특성이 조직 목표에 어느 정도 공헌하고 있는가의 여부를 정확하게 평가하여야 한다. 특히 대학 행정 직원의 근속 연수와 성별 등의 요인을 충분히 고려한 인사 고과표의 완비는 고과의 근본 목적에 부응하는 것으로써 그 당위성이 요청되고 있다.

고과 결과의 활용과 공개

평가 결과의 활용은 평가 결과를 성취의 개선 등에 활용하는 행위나, 평가 결과에 근거하여 제안된 내용을 의사 결정에 반영하거나 실천하는 것을 의미한다. 평가는 그 자체가 목적이 아니라 어떤 목적을 성취하기 위한 수단이기 때문에, 평가 결과는 인사 관리 등에 반영되어야 한다.

인사 고과의 결과를 어떤 목적에 사용하느냐 하는 것은 매우 중요한 일이며, 인사 담당 부서의 성공 여부를 결정하는 주요한 요인이 될 수도 있다.

따라서 상여를 위한 목적이라면, 업적·태도·의욕 고과에서 업적 고과에 많은 비중을 두며, 승급을 위한 목적이라면 태도·의욕에 높은 비중을 두고, 승진을 위한 목적이라면 능력 고과에 높은 비중을 두어 목적별로 평가의 중점을 달리함이 적절하다고 생각한다. 즉, 주어진 업무를 충실히 수행한 사람에게는 보너스를 주고, 노력한 사람에게는 승급을, 그리고 능력이 높은 사람에게는 높은 지위와 그에 상응하는 직무로써 처우한다는 개념이다.

1) 공정한 임금 조정에 활용

고과의 목적에서도 언급하였지만 인사 고과는 업무 수행상 나타난 업무 실적을 공평한 규정에 의하여 평가하여 대학 행정 직원의 사기·의욕·노력 정신을 높이고, 행정 직원의 처우 개선에도 그 결과를 반영하여야 한다. 즉, 대학 행정 직원이 가장 많은 관심을 갖고 있는 임금 조정(승급·상여)을 위한 기초 자료로 활용하여야 한다. 대부분의 대학은 대학 행정 직원의 임금 조정에 고과 결과를 활용하고 있지 않은 것으로 나타나고 있다. 따라서 인사 고과의 결과가 공정하고 명확하게 행정 직원의 처우에 반영되도록 고과 제도의 운영 관리가 개선되어야 한다.

인사 고과 결과의 활용에 있어서도 대학 행정의 특성이 반영된다. 대학 행정이라는 것이 비가시적이고 추상적이기 때문에 계량화되기 어렵다. 그러기 때문에 업적 평가가 가능한 교원과는 달리 행정 직원들은 임금의 상승에 있어서 인사 고과의 결과가 임금 조정에 큰 영향을 미치지 않는다. 이러한 이유로 일 년에 한 번씩 정기적으로 임금 인상에 일률적인 규정을 적용받고 있는 실정이다.

2) 업무 수행도의 파악과 활용

상사가 부하의 업무 수행 상태를 정확하게 파악하고 일의 결과를 관찰 기록하는 것은 매우 중요하며, 업무 파악을 위해서는 직무 분석을 위한 과업 분석표를 작성하여 직원 한 사람을 관찰하고 관리하는 것이 요구된다. 그리고 부하를 관찰된 결과에 따라 고과하므로 업무 수행도의 파악은 물론 매우 공정하고 신뢰성 있는 고과가 될 수 있다. 대부분의 대학은 관리 목표를 설정하지 않고 단지 고과 요소에 따라 고과하기 때문에, 상사가 부하의 업무 파악에 어려움을 갖게 된다. 따라서 직무에 따른 업적 고과가 이루어지도록 제도 개선이 되어야 한다.

3) 능력 개발에 활용

현실적으로 인사 고과는 태도·업적 고과에서 능력 고과, 즉 종업원의 능력 개발에 점점 더 큰 비중을 두고 있다. 따라서 고과 결과의 활용도, 종업원의 능력 개발에 그 중요성을 두고 있는 경우가 대단히 많다. 그러나 대부분 대학은 대학 행정 직원의 능력 개발에 대한 어떤 프로그램을 갖고 있지 못하며, 고과 결과도 공개하지 않고 있어 종업원의 능력 개발에 큰 문제가 있음을 보여주고 있다.

따라서 각 대학은 행정 조직의 능력 개발을 위한 제도를 도입하고 시행함으로써 이들의 능력이 향상되어 직무에 만족을 느끼고 성장할 수 있도록 인사 고과 제도의 개선이 시급하다 하겠다.

4) 승급·승진에 활용

과거 승진은 연공 서열에 의하여 주로 행하여져 왔으나, 치열한 경쟁과 기술 혁신 등에 의한 업무의 변화와 증대로 인하여 과거와 같은 방식으로 승진·승급을 결정하는 것은 매우 위험스러운 일이다. 특히 대학 행정이 전문화되어 가고 고도의 기술을 요구하고 있는 요즈음, 승진에 대한 인사 고과는 더욱 계량화되고 객관화 되어야 한다. 대부분의 대학은 인사 고과 결과를 승진이나 승급 등에 활용하고 있으나, 그에 대한 객관성에 의문이 있을 수도 있다.

인사 고과를 승진·승급에 활용할 경우 그 결과를 그대로 반영할 것이 아니라, 새로운 직책에 맞는 적성과 능력, 그리고 의욕이 있는지를 확인한 후 몇 년간의 능력 평가를 검토하여 결정하는 것이 바람직한 방법이라 하겠다.

대학 행정 직원의 능력 개발을 향상시키기 위해서는 인사 고과 제도의 내용과 결과가 구성원에 공개되어야 한다. 종래에는 대부분의 대학에서 인사 고과표를 비밀스럽게 취급하였으며, 그 결과도 비공개하였다. 그 이유는 고과 사항이 개인의 자존심에 속하는 사항으로 이해되었기 때문이며, 인사 고과 작업이 기업의 성역으로 인사권의 근본이 되고, 공개되지 않는 것으로 생각했기 때문이다. 그러나 인사 고과의 목적이 구성원 능력의 향상과 공헌도를 평가

하는 것이라면, 고과자가 평정을 하고 그 결과를 피고과자에게 공개함으로써 고과의 성적이 만족스럽지 못할 경우, 능력 향상을 할 수 있도록 주의를 주고 조언하면 될 것이다. 그렇게 하면 피고과자는 고과 결과에 대하여 충분히 이해하고, 고과 결과에 대한 불신감을 가지 않을 뿐만 아니라, 자신의 능력 향상에 노력할 것이다.

그러나 대부분의 대학은 인사 고과 결과를 공개하지 않고 있다.

고과 결과의 공개 여부에 대하여서는 각각 장·단점이 있을 수도 있으나, 고과 결과를 피드 백(feed back)하여 고과의 목적을 효과적으로 달성하기 위해서는 어떤 방법을 사용하든 종업원이 그 결과를 충분히 납득할 수 있도록 고과 결과가 공개되어야 한다. 공개의 필요성에 대해 살펴보면 다음과 같다.

첫째, 자기 단점을 상사가 어떻게 생각하고 있는가 하는 것에 대한 피고과자 궁금증을 덜어주며, 그들의 능력과 실질적인 문제점과 개선점을 알게 함으로써 장래의 노력의 목표를 세울 수 있다.

둘째, 인사 고과에 대한 이해와 지지를 얻을 수 있으며, 동시에 고과 결과에 대한 갈등을 해소할 수 있다.

셋째, 상사에 대한 불만을 납득시킬 수 있어 사기 진작에 도움을 줄 수 있다.

이러한 여러 가지 장점이 있음에도 불구하고 일부 대학에서 비공개로 처리하고 있음은 고과자의 고과 실시 태도가 무책임하고 고과에 대한 이해 부족 때문인 것으로 생각된다.

4
대학 관료제의 병리 현상

막스 웨버(Max Weber)는 관료제의 특성으로 분업과 전문화, 몰인간화, 계층제, 규정에 의한 임무 규정, 경력 위주의 인사 정책 등을 들고 있다. 이와 같은 관료제의 특성은 대학 조직에도 두드러지게 나타나고 있다.

행정이란 조직의 목표 달성을 위하여 사람들의 노력을 조정하는 것이라고 볼 때 교육 행정도 예외는 아니다. 물론 대학 행정 조직은 하나의 고등 교육 조직으로서 일반 조직과는 다른 고유의 특성을 갖는다.

오늘의 대학은 다양한 기능과 역할을 수행하기 위하여 그 체제가 복잡화·거대화되고 있으며, 막대한 인적·물적 자원이 투입되고 있다. 그래서 효율적인 대학 행정의 중요성이 그 어느 때보다 강조되고 있다. 대학 행정은 대학의 본질적 기능인 교육·연구를 원활하게 수행하기 위하여 대학의 목표를 합리적으로 설정하고, 그 목표 달성에 필요한 인적·물적 자원을 적절히 확보·배분하고, 능률적으로 업무를 수행함으로써 교육 목표를 효율적으로 달성하게 하는 일련의 활동을 말한다. 따라서 대학 행정은 대학 발전의 중요한 조건으로 중시되고 있는 것이다.

대학 조직은 교수·직원·학생으로 구성되어 있다. 교수·연구위원 등으로 전문 인력은 학생 교육이나 연구에 임하고 있지만, 기계적 관료 조직에 해당하는 행정 구성원과는 달리 관리자의 감독을 받지 않는 전문직으로서의 자율권을 행사하고 있다.

이에 비하여 학생처·기획실·교무처·연구처·사무처 등 행정 지원 부서의 일반 직원들은 정해진 출퇴근 시간이 있고, 학교 내의 규정이나 절차에 따라 업무를 수행하는 관료적 체제를 따르고 있다. 이러한 관료제의 역기능은 모든 대학에서 나타날 수 있다.

관료제의 특징

관료제의 특징을 로버트 푸레셔스(Robert Presthus)는 다음의 네 가지로 정의하였다.

첫째, 고정된 업무의 담당 영역·규정·규칙·조문에 의한 규칙적인 질서가 있다.

둘째, 권위 수준의 상위직과 하위직 간에 확립된 질서의 체제가 있고, 상위직이 하위직을 감독하는 위계의 원리가 있다.

셋째, 씌어진 문서를 바탕으로 한다.

넷째, 직위에 맞도록 교육받은 사람으로 행정이 이루어지며, 안전성이 있고, 잘 이해된 방침에 의하여 운영되는 행정 등이다.

이와 같은 관료제는 분리적·합법적 권위를 상징하는 것으로써 계층적 조직, 기능적 분업, 직무 전속주의, 공사의 구별, 법률과 절차, 비정과 이성에 의한 업무 처리 등을 강조하는 것이며, 효율적이고 합리적인 조직이라고 생각되었던 것이다. 사실 그러한 일면이 있기에 대규모 조직체에는 관료제의 일면을 가지게 된 것이라고 할 수 있고, 순수형의 관료제는 고도의 정확성과 능률성을 갖기 때문에 대량 성원 단체를 관리 운영하는 데 있어서 필요 불가결하다고 할 수 있다.

관료제의 병리 현상

관료제의 병리에 관해서 체계적인 연구를 한 로버트 머튼(Robert Merton)은 관료제와 인성이라는 논문 속에서 관료제로부터 일어나는 역기능에 관하여 언급하고 있는데, 살펴보면 다음과 같다.

1) 동조 과잉

동조 과잉이란 본래 수단으로 간주되었던 규칙의 준수가 형식주의를 초래하여 그 자체가 목표로 되는 현상을 말한다.

2) 서면주의 · 형식주의

관료제에 있어서는 모든 사무의 처리를 일반적 규칙에 의거하여 일정한 양식과 절차에 따라 서면으로 행하여, 모든 처리와 권리 · 의무 · 책임의 초래 및 한계는 이 서면을 증거로 하여 확인된다.

3) 전문화로 인한 무능

현대의 관료제는 고도의 전문가를 요청하게 되며, 이러한 전문가는 극히 한정된 분야의 전문성을 지니고 있어 타 분야에 대한 이해도 적을 뿐만 아니라, 전문화의 원칙이 지나치게 강조되는 경우 아집화 · 할거화 · 시야 협소화 · 무능화 등의 병리 현상을 초래한다.

4) 무사안일주의

무사안일주의는 적극적으로 새로운 일 · 조언 · 결정 등을 하려 하지 않고 선례에 따르거나 상관의 지시에 무조건 영합하는 소극적인 행동을 의미하는데, 이러한 태도는 관료의 신분이 불안하며 상관이 부하의 맹종을 즐기고, 건설적인 조언을 권장하지 않거나, 또는 보다 사무를 감정적으로 처리하고, 업적을 중시하지 않는 경우 이러한 현상이 특히 많이 나타난다.

5) 행정의 독선화

관료제는 국민에 대하여 직접 책임을 지지 않을 뿐만 아니라 그 계층제성 · 과두제성 · 탄력성 등으로 인하여 고질적인 관료 독선주의를 가져와 민주 행정에 역행하게 된다.

6) 귀속주의에 입각한 자생 집단

대규모 조직체에는 언제나 자생 집단이 탄생하게 마련이다. 이 때 대인 관계 및 인사의 기준이 실적에 입각한 것이 아니고 출신 학교·출신 지역과 같은 귀속적인 기준에 의하여 이루어지는 경우 정실 인사가 되며, 소위 과소 관료제화가 나타남으로써 서식주의와 같은 과잉 관료제화와는 반대적 병리 현상을 나타내게 된다.

7) 인간성의 상실

관료제 조직의 구성원들은 주어진 일정한 한정된 업무를 매일 반복적·기계적으로 처리하기 때문에 무감정화·권태화·욕구 불만화·시야 협소화·부속품화하고, 인간으로서의 인격을 상실하게 되기 쉽다.

8) 변동에 대한 저항

관료제의 가장 중요한 병리적 현상은 변동 및 쇄신에 대한 저항이다. 관료의 자기 유지에 대한 불안·위협 때문에 관료제는 본질적으로 보수성을 띠게 된다.

대학 행정 조직과 관료제

대학은 관료 조직의 많은 특징을 가지고 있는 사무적 조직으로 막스 애버트(Max Abbott)는 다음과 같이 결론을 내렸다.

오늘날 우리가 알고 있는 것과 같이 학교 조직은 고도로 발달된 관료제로서 정확하게 상술할 수 있다. 학교는 많은 특징을 나타내고 있으며, 이와 비교할 수 있는 군대와 산업체와 행정 기관의 많은 전략을 사용하고 있다.

마르치(Marcyh)는 교육 조직은 '무정부 상태의 조직'이라고 분석하고 그 특징을 다음과 같이 규정하고 있는데, 첫째, 목표를 일관성 있게 명세화하기 어렵고 시간에 따라 변하며 둘째, 기법이 불분명하다. 또한 셋째, 조직에의 수가 유동적으로 전출입이 잦다는 것이다.

이상에서 살펴본 바와 같이 교육 조직은 여러 요인으로 인한 관료제적 특징을 드러내고 있는데, 교육 조직에 나타나는 관료제적 특성을 계층 구조·기능적 분업·규칙과 규정·문서주의로 나누어 역기능을 살펴보기로 하겠다.

1) 계층 구조
① 대학 본부에서 세세히 결정하여 각 단과 대학별로 지시나 명령하는 행정 형태이다.
② 어떤 문제를 각 단과 대학에서 독자적으로 해결하지 못하고 본부의 방침과 지시에 따르는 경향이 많다.

2) 기능적 분업
① 기능직과 사무직으로 구별되어 있어 지나친 분업화는 수평적 의사 소통의 결여와 전체로서 업무의 통합과 조정이 곤란하고 형

식화에 흐를 경향이 있다.

3) 규칙과 규정

① 규칙의 고수는 원대 수단으로 인정된 규칙 자체가 목표로 전환되어 도구적 가치가 궁극적 가치로 되는 목표의 전치를 가져온다.

② 인간 관계가 중요시되는 대학 상황에서 규칙의 고수는 형식주의와 획일성의 오류, 그리고 몰인간성 때문에 비교육적 현상이 야기될 수도 있다.

4) 문서주의

① 문서의 표준화와 간소화에 의한 능률의 증대화는 원래의 의도와는 달리 문서량의 증대로 인한 번문 욕례·형식화 및 역할 왜곡이나 목표의 전치, 책임 회피, 시간의 정체 등 갖가지 역기능 현상을 초래하고 있다.

이상에서 학교 조직에서 관료제의 역기능 현상을 살펴보았는데, 학교 규모가 커지고 복잡해지므로 학교 조직도 관료화되는 것은 당연하나, 인간을 교육하는 특수성을 지닌 교육 조직임을 간과하지 않을 수 없다.

대학 행정에서 나타나기 쉬운 사례

관료제의 병리 현상에서 살펴본 이론을 근거로 대학 행정에서 나타내기 쉬운 현상을 동조 과잉 서면주의, 전문화로 인한 무능 등의 사례를 들어 살펴보겠다.

1) 동조 과잉

현재 부속 병원이 있는 대학들에서는 학생과 직계 존속에 대하여 부속 병원 이용시 진료비 감면서 같은 형태의 양식을 만들어 발급해 주고 있는데, 규정이 학생일 경우에는 학생증, 보호자일 경우에는 주민등록 등본을 제출하도록 되어 있다.

실제로 발급을 하다보면 학생증 미소지자가 더러 있다. 이 때 충분히 컴퓨터로 학적 조회를 하여 발급해 줄 수도 있는데, 학생증이 없으면 발급해 주지 않는 경우가 왕왕 있다.

2) 서면주의

각부처간 전화로도 충분히 업무 협조를 할 수도 있는데, 굳이 서류를 가져와야 되는 경우가 있다. 그것은 책임을 서로 지지 않으려는 데서 발생된 것으로써 업무의 흐름을 방해할 뿐만 아니라 무사 안일의 결과를 가져온다.

3) 전문화로 인한 무능

대학의 인사 행정은 행정 직렬에 있어서 고정적인 면이 강하다.

하위직에서는 순환 근무를 하게 하고 직급이 올라갈수록 전문성을 띠게 하여야 하는데, 하위직에 있어서도 7~8년씩 같은 부서에 있어 사기 저하와 매너리즘에 빠지게 한다. 하위직의 장기 근무는 전문성을 높이는 장점도 있지만, 타 부서에 대해서는 전혀 이해가 안 되어서 생기는 부처 이기주의가 발생하기도 한다.

관료제의 병리 현상에 대하여 문헌적 고찰과 대학에서 나타나기 쉬운 사례를 들어 살펴보았다. 대학 행정의 관료화 추세에 따라 여러 가지 역기능이 대두되고 있는바, 이러한 관료제의 병리 현상에 대한 개선책을 제시하고자 한다.

첫째, 행정 편의주의에서 탈피하여야 한다. 모든 행정이 학생을 위한 행정보다는 행정가를 위한 행정으로 되어 있다. 동조 과잉에서 나타났듯이 학생이 진료비 감면원을 접수하면 학생증이 없다 할지라도 컴퓨터로 학적 조회를 하여 학생임이 판명되면 발급해 주어야 한다. 대학은 타기관보다는 다르게 교육을 하는 교육 기관이다. 이로 인해 구성원도 교수·직원·학생으로 되어 있어, 학생이 고객이 될 수가 있고, 교수가 고객이 될 수도 있다. 이러한 특수한 관계에 있지만, 이러한 관계가 원활히 되기 위해서는 행정 편의주의에서 탈피하여야 한다.

둘째, 인사 교류를 활발히 하여야 한다.

관료제의 병리 현상은 한 부서로 7~8년 동안 근무하면서 자신도 모르는 사이에 나타나게 된다. 특수직을 제외하고는 새로운 부서에 3~4년 만에 순환 근무를 할 수 있도록 하여 한 부서에 안일하게 있게 해서는 안 된다.

　물론 한 직렬에 오래 있으면 업무의 숙련화와 전문성을 가져와 능률이 향상될 수 있다. 그러나 대학 행정은 특수한 분야를 제외하고는 고도의 기술을 요구하는 분야는 아니다. 이럴 경우 무사안일의 형태를 가질 수 있는데, 인사 행정에 있어서 하는 직무를 명확히 분석해 상황에 따라 인사 교류를 하여야 한다.

　결국 무사안일과 변화에 대한 저항 등은 이러한 인사 교류를 활발히 하면 줄일 수 있다.

　셋째, 직원 교육 강화이다.

　오늘날 우리 나라 교육계는 교육 개방을 앞두고 상당히 불안한 위기감을 안고 있다. 그냥 매일매일 했던 일들을 반복할 것이 아니라, 스스로 창의적으로 일을 추진할 수 있도록 교육을 실시하여 외부 환경과의 유기적인 관계를 가지도록 하여야 한다.

5
전산화, 효율적 추진 필요하다

 오늘날 대학은 행정의 전산화를 추진하고 있으며, 전자 결재 시스템·행정 무서류화 운동 등이 앞을 다투어 추진하고 있다.
 이제는 컴퓨터를 모르면 일을 할 수 없게 되어 간다. 또한 수강신청·통지서·공고문·휴가원·경조사·안내문까지 각종 서류가 전자 우편으로 전달되기 때문에 컴퓨터만 켜면 학교 사정을 한눈에 알아볼 수 가 있다.
 대학 행정의 효율화를 위해 전산화는 필수적이다. 그러나 한 가지 유의해야 할 점이 있다. 그것은 전산화가 현명하게 설계되고 구축되어야 한다는 점이다. 전산화가 대학 행정과 유기적으로 연결되고 관리의 측면에서 설계되지 않으면 전산화로 인한 낭비가 크다. 반복적이거나 대량의 자료를 처리하는 작업을 수행하기 위해 전산화를 추진할 경우 근시안적이고 관리와 유리된 전산 시스템이 설계되기 쉽다.

많은 경비를 들여 전산화 작업을 추진해 놓고 운영적인 면에 있어서 문제가 발생해 기대했던 것과 다르게 결과가 나타난다면 문제가 있다.

　대학의 전산화는 전산화만을 위한 전산화가 아니라, 대학 행정의 효율화를 위한 도구가 먼저 합리적으로 정비된 후에 전산화가 부수적으로 수반되는 형식이어야 한다. 예를 들어 휘어져 있는 도로를 그대로 둔 채 8차선으로 확장하는 것과 휘어진 도로를 직선으로 교정한 후 8차선으로 확장하는 것과는 차이가 있다. 이와 마찬가지로 행정 효율화는 전산화로써 달성되는 것이 아니라, 효율적인 행정이 구축되는 데 전산화가 기여하는 것이다.

　학생들의 수강 신청시에는 많은 문제점이 나타날 수 있다. 사전에 어떤 문제점이 발생할 수 있는지에 대비할 필요가 있다.

　전산화는 효율적인 행정을 위한 환경이 마련된 후에 보조 수단으로 사용되는 것이지, 전산화가 효율성을 저절로 달성하게 하는 만능은 아니다.

6
대학 행정 공개하자

  대학 정보의 사회 일반에 대한 제공은 대학의 일반 이념의 하나인 사회 봉사와 밀접한 관계를 맺고 있다. 뿐만 아니라 연구와 교육 및 지도적 인재 양성이라는 또 다른 일반 이념을 실현하는 것과도 연관을 맺고 있다. 왜냐 하면 교육은 교육자와 피교육자의 관계를 떠나서는 생각할 수 없기 때문이다. 그 관계를 맺게 되는 입학 관계의 정보에서부터 졸업 후 취업 정보, 동문으로서의 대학과의 관계에 이르기까지, 그 정보의 다양한 성격과 양은 교육의 성패를 좌우한다.

  연구 분야에서 정보의 교환은 연구의 질과 교육의 질을 결정하는 필수적인 요인이다. 그리고 연구 분야에서의 정보는 상호 교환적이라는 특성을 가지고 있다. 또한 지도적 인재 양성이라는 대학의 일반 이념을 현대 사회에서 실현시키는 것은 대학이 가지고 있는 정보를 일반에게 제공하지 않고서는 이루어질 수 없다.

대학이 가지고 있는 어떠한 정보를 일반에게 제공하여야 대학의 일반 이념을 구현할 수 있으며, 새로운 시대를 준비하기 위한 교육 개혁에 동참할 수 있을 것이고 원칙적으로 대학이 가지고 있는 공적인 정보가 성역 없이 제공되어야 할 것이다. 그러나 다른 정보보다도 우선적으로 제공되어야 하는 정보가 무엇인지를 결정할 필요는 있다. 왜냐 하면 정보 중에는 그 정보를 필요로 하는 대상에 따라 정보 제공의 우선 순위가 있을 것이기 때문이다.

대학에서 우선적으로 제공되어야 할 정보는 무엇보다도 그 대학의 교육 이념이다. 이 이념은 대학이 사회와 국가에 대하여 궁극적으로 추구하고자 하는 가치이자, 그 대학에서 교육받고자 하는 피교육자에 대한 약속이기 때문이다.

하나의 예로 현재 달라진 입시 제도로 인해 일선 고등학교에서는 진학 지도에 상당히 어려움을 겪고 있다 한다. 그것은 입시 제도가 자주 바뀌어 각 대학들의 예상 커트라인을 모른 채 각 입시 학원에서 제작한 자료를 근거로 지도를 하고 있기 때문이다. 이것 또한 각 학원마다 달라 기준이 될 수 없다. 대학이 언제까지 커트라인을 상향으로 발표하고, 학생과 학부모가 가장 필요로 하는 자료를 공개하지 않을지 한번 생각해 보아야 한다.

영국의 경우를 간단히 예로 들면, 학부형의 경우 자녀가 학교에 입학하기 전에 학교 안내 책자를 받아본다. 이 자료에는 학교에 대한 모든 정보가 담겨 있어 학부모가 자녀를 어떤 학교에 보낼지 결정하는 데 많은 도움을 준다.

이처럼 학교와 학생에 대한 모든 정보를 공개하는 이유는 간단하다. 교육 소비자에게 교육의 질, 학교의 수준을 솔직히 알리자는 것이다. 학부모는 이처럼 다양한 자료를 근거로 자신의 자녀가 다니는 학교에 끊임없는 관심을 갖는다. 교육 내용·학생 지도 등 많은 요구를 하다 학교측이 분발하면 다행이지만, 개선 가능성이 없거나 학부모의 요구를 외면하면 그러한 학교에 더 이상 학생을 보내지 않는다고 한다.

영국의 교육 노동부(DFEE)는 '교육 서비스의 목표는 경제 성장을 뒷받침하고 국가 경쟁력과 삶의 질을 향상시키는 데 있다'고 밝히고 있다.

국가가 경쟁력을 가지려면 교육이 경쟁력을 갖춰야 하며, 교육이 경쟁력을 갖추려면 학교가 경쟁력을 키워야 한다는 가장 기본적인 원리를 도입한 것이다.

이렇듯 영국의 교육 개혁이 학교 평가 작업에 많은 노력을 기울이고, 그 결과를 숨김없이 공개하는 이유는 학생과 학부모에게 학교 선택권을 주기 위해서이다. 선택받지 못한 학교는 자연히 도태된다. 평가는 최고가 될 수 있는 희망과 최악이 될 수 있는 두려움이 항상 공존하는 것이다.

이제 우리 나라 대학들도 신입생 선발 결과를 공개해야 한다. 물론 성적을 공개하면 대학별 순위가 정해진다고는 하지만, 대학별 순위는 학생뿐만 아니라 교육 시설, 학생 1인당 교수 수, 도서관 장서, 대학 정보화 등 다른 요소로 평가되어 새로운 서열화가 시작되었다 해도 과언이 아니다. 교육의 소비자인 학생·학부모가 대학을 평가해야 한다. 대학은 이러한 교육 소비자가 정확히 대학을 선택할 수 있도록 객관적이고 공정한 자료를 제공하면 된다.

　이렇듯 대학이 가지고 있는 정보는 다양할 뿐만 아니라 그 양도 대단히 많다. 대학 교육이 지향하고자 하는 이념에서부터, 그 대학이 가지고 있는 인적 정보, 입학에서 졸업에 이르기까지의 여러 정보들과, 그 대학이 가지고 있는 학문적 성과 등을 공개하여 대학이 아닌 다른 조직과도 공유하는 자세를 가져야 한다.

제5장
대학과 환경

1
낙동강 살리기 운동, 대학이 나섰다

환경 문제가 날로 심각해지고 있는 가운데 경남 김해의 인제대학교에서 낙동강 살리기 운동을 전개하고 있어 화제가 되고 있다.

이 대학교는 지난 '96년 5월 4일 낙동강 하구 둑에서 총장을 비롯한 교수·직원·학생 등 2천5백여 명이 참가하여 환경 보전을 위한 선언문을 발표하고, 이어 낙동강 하구 둑, 김해 덕산 정수장 및 매리 취수장 주변에 대한 환경 정화 운동을 실시하였다.

이날 백낙환 총장님은 인사말을 통해 "환경 오염의 문제를 더 이상 미룰 수 없다는 절박감과 소명 의식을 바탕으로 환경 위기를 극복할 수 있는 실천적인 정화 활동을 전개함과 아울러, 환경 문제에 대해 과학적 접근을 통해 해결 방안을 모색해 보고자 전 대학인이 참여하는 대규모 행사를 준비했으며, 이 정화 활동은 단순히 일회성 행사가 아니라, 향후에도 지속적으로 전개해 나갈 것"이라고 밝혔다.

이 날 이후 이 대학교는 매월 첫째 주 토요일을 낙동강 살리기 환경 정화의 날로 정해 '99년 2월 5일(토)까지 25회에 걸쳐 낙동강 하구 둑, 김해 덕산 정류장 주변, 김해 대동면 월촌리 등에 환경 정화 운동을 펼치고 있다.

이러한 운동을 통해 수거된 쓰레기량은 1회 570마대, 2회 320마대, 3회 500마대, 4회 500마대, 5회 250마대, 6회 300마대, 총 25차에 걸쳐 참석인원 1만 5천여 명, 전체 8,607마대를 수거했다.

아울러 이 대학교는 매년 심각한 사회 문제로 대두되고 있는 남해안 일대의 적조에 대해 발생 원인을 규명하고 대책을 마련하기 위해 5억 원의 연구 기금을 마련하였다. 그리고 전국 대학으로는 처음으로 전담 연구원·상임 연구원 등 총 7명으로 구성되는 적조 연구단을 '96년 5월에 설립하여 진동~진해만 일대에서 진해만의 부영양화 및 적조 모니터링 작업을 펼치고, 진해만의 해황 변화에 대한 연구로 대상 해역인 마산만과 진해만에서 적조 원인 생물간의 관계와 해역 내에서의 해수의 유동 상황 및 확산 현상 등을 조사해, 적조 발생 원인 및 해역 관리 대책 수립을 위한 기초 자료를 제공할 계획으로 현재 연구 중이다.

또한 이 대학교는 봉사 정신의 함양 및 실천이 인성 교육에 있어서 중요함을 인식하여 모든 학생들이 졸업 전까지 48시간 이상 봉사 활동을 하여야 졸업이 가능한 봉사 활동 학점 인정제를 도입해 '95학년도부터 실시해 오고 있다. 뿐만 아니라 환경학과·미생물학과 등 환경 관련 학과를 신설하고, '92년부터 부설 환경 연구소를 통해 매년 낙동강 환경 심포지엄을 개최하는 등 환경 위기에 대처하고자 하는 노력을 기울이고 있다.

　향후 낙동강 살리기 운동을 범시민 운동·국민 운동으로까지 확대시키는 것을 목표로 하고 있으며, 지난 '96년 12월 14일 이후에는 이 대학교 평생 교육원 원생 및 김해시 부원동 부녀회에서 어린이들까지 함께 참여하는 등 서서히 시민 운동으로 확대되고 있는 추세이다.

　낙동강 살리기 환경 정화 운동에 대해 총장님은 "트럭 몇 대분의 쓰레기를 치운다고 해서 낙동강이 당장 몰라보게 깨끗해지는 것은 아니지만, 이 일은 누군가가 반드시 시작해야만 하는 일이고, 교육적으로도 대단히 가치 있는 일이라 생각하며, 이 행사를 실시하고 있다. 그리고 이 행사를 위해 서울에서 아침에 비행기를 타고 꼭 참석한다"고 환경에 대한 의지를 밝혔다.

　따라서 총장님은 현재까지 1회도 빠진 적이 없으며, 자연 보호·환경 보전·생명 존중·인간 사상 등의 교육을 몸소 실천하고 있다.

　이 대학교의 이 같은 행사가 앞으로도 계속 이어져 국민 모두의 친환경적인 삶의 방식을 앞당기고 실천하는 데 기여하며, 나아가서는 환경 공동체 의식을 높이는 데 초석이 될 것으로 기대된다. 또한 미래의 후손들에게 푸른 하늘과 맑은 물의 환경 선진국을 물려주기 위한 전 국민 환경 보호 운동의 기초가 되고, 낙동강 녹색 물이 다시 푸르른 물이 되는 하나의 작은 실천 운동이 되리라 생각한다.

2
캠퍼스도 환경 문제 심각

쓰레기 문제는 경제 사회의 발전으로 가정과 사업장으로부터 대량 생산 대량 소비라는 사회적 문제를 낳아 불과 수년 사이에 양적 증대와 질적 변화 등으로 그 처리나 처분이 힘들어 가장 큰 도시 문제로 대두되었다.

가정으로부터 쓰레기 증가는 생활 양식의 변화와 편리성 추구에 그 원인이 있으며, 사업장으로부터의 쓰레기 배출량은 산업 구조의 변화에 의해 점점 증가되고 있다. 특히 산업 구조에 의한 요인으로는 제3차 산업으로부터의 배출량 증가(포장용기 등)와 복사기·FAX·컴퓨터 등 사무실의 자동화 기기에 의한 부산물이 그 주원인으로 되고 있다. 즉 생활 수준의 향상에 따라 소비 동향이 물질의 풍부함으로부터 그 사용의 편리성을 추구하는 새로운 고도 소비 사회가 출현하면서 쓰레기의 양적·질적 변화를 수반하였다.

쓰레기 봉투를 돈과 맞바꾸는 시대, 생수를 사 먹는 시대에 살고 있는 오늘날 대학도 더 이상 '환경 안전 지대'일 수는 없다.

 대학마다 1일 생활 쓰레기가 1~2톤에 육박하는 현실을 생각해 볼 때 대학 환경 운동에 신경을 쓰지 않을 수 없다. 대학에서 나오는 산업 폐기물은 폐건전지, 1회용 자판기 컵, 우유 팩, 필기 용품, 종이, 음식 쓰레기 등 다양하다. 이들 쓰레기를 수거하기 위해서 대학들은 외부 용역 기관에 1년에 3천~5천여만 원의 비용을 지출하고 있으며, 학내 환경 미화원 수도 많게는 100여 명에 육박하는 것으로 알려졌다.

 용역 회사도 이들 쓰레기를 처리하는 데 애로점이 있다. 이들 쓰레기를 처리하는 일반적인 방법은 매립과 소각인데, 이 또한 환경 오염과 악취 등으로 부지 선정에 어려움이 따른다. 이 때문에 대학 구성원의 자발적인 실천이 필요하다 하겠다.

 실천의 대안들을 이야기해 보면, 우선 우유 팩 자원 재활용을 위한 우유 팩 분리 수거함을 각 건물마다 설치해 필요할 때 쉽게 활용할 수 있도록 하자. 둘째, 쓰레기 분리 수거를 위해 신문·리포트 용지 등의 폐지를 수거할 수 있는 곳을 학생 회관이나 학생들의 이동이 많은 곳에 설치하자. 셋째, 분리 수거 요령 등을 홍보해 전 교직원 학생들이 참여할 수 있도록 하고, 분리 수거되어 생긴 이익금에 대해서는 소비 조합 등에서 학생을 위한 장학금으로 활용하자.

 결국 이러한 쾌적한 캠퍼스를 가꾸기 위해서는 교직원들이 학생보다 먼저 환경친화적인 마인드를 갖고 실천에 참여해야 할 것이다.

또한 그린 캠퍼스 운동을 전개해 환경 문제가 구호에서 끝나는 것이 아니라, 학교 전체의 하나의 운동(movement)으로 전개되어 깨끗한 캠퍼스 속에서 공부할 수 있는 여건을 마련해 주어야 한다. 그리고 학내에 금연 구역을 설치해 흡연을 하지 않는 구성원에 대해 존중해 줄 필요가 있다. 학교 캠퍼스를 보면 길거리에 다니면서도 담배를 피우는 사람들이 있는데, 일정한 구역을 정해 그 곳에서만 흡연을 하도록 하고, 매월 1회 정도 금연 학교를 열어 흡연 인구를 줄여나가야 할 것이다.

3
환경 게시판을 만들자

 우리의 가정뿐 아니라 직장에서도 종이와 전기 등 자원과 에너지를 아껴쓰고, 가능한 한 많은 자원을 회수하여 쓰레기의 배출량을 줄여야 한다. 즉, 가정에서 하고 있는 일의 대부분을 학교에서도 실행해야 한다는 것이다.
 이를테면 직장에서도 이면지를 활용하고 양면 복사를 하며, 불필요한 전등은 끄고, 전열기를 비롯하여 각종 전기 제품의 사용을 절제하고, 1~2개 층은 엘리베이터를 타기보다 걸어다닌다면 자원과 에너지를 절약할 수 있다.
 또한 학교 내에서도 식당이나 복도에 놓은 자판기 옆에 알루미늄캔이나 빈병·종이 박스를 모을 수 있는 통을 마련하여 버릴 수 있는 곳을 마련해 놓아야 한다.
 학교 내에서도 1회용 플라스틱 컵이나 종이 컵·스티로폼 컵을 사용하지 말고, 유리나 사기컵을 사용하도록 해 보자. 물론 편리성 때문에 1회용 물품을 사용하게 되는데, 결국은 편리성과 생명을 바꿔야 하는 처지에 놓이게 된다.

 학교 내의 수돗물도 절약하여 사용하고, 수도 꼭지를 단단히 잠그며, 배관이나 급수 시설이 고장나서 물이 계속 흘러나오는 변기나 세면기는 가능한 한 빨리 수리하여 물의 손실을 막아야 한다. 학교는 다른 기관과는 달리 기본적으로 전기·물의 사용량이 많을 수밖에 없다. 자발적으로 환경에 대한 인식을 가져 참여하여야 한다.

 이러한 에너지와 자원 보전 프로그램은 학교의 경비 절감과 경영 합리화의 측면에서 적극적으로 계속 추진되어야 한다. 작은 절약이라도 이것이 커져 학교 규모가 되면 무시 못 할 양이 되므로 대단한 절약이 된다. 또한 이것은 구성원들의 정신 교육면에서도 유익한 결과를 가져올 것이다. 좀더 조직적이고도 체계 있게 이러한 운동을 추진하려면 환경·자원 보전에 관한 뉴스지 발간, 환경 정보 및 자원 보전 정보를 알려주는 환경 게시판을 만드는 것도 도움이 될 것이다.

4
대학에서 할 수 있는 나무 사랑

우리 나라에서 사용하고 있는 나무 제품, 특히 종이 제조를 위한 나무는 거의 열대림에 의존하고 있다. 열대림의 지속적인 벌목으로 인해 종국의 경우에는 열대림 지역의 사막화를 초래할 수 있다. 열대림은 물을 저장하는 역할을 하며, 그 물이 증발해서 다시 비로 내린다. 그런데 벌목에 의해 나무가 없어지면 일단 비가 잘 내리지 않게 되며, 비가 내린다 해도 나무가 없어 양분이 많은 토양을 유실하게 된다. 연료·가구·건축 자재 등 온갖 용도로 쓰이는 나무는 인류를 지탱해 온 귀중한 자원이다.

인류가 문명을 축적하는 데 중요한 역할을 한 종이를 만드는 원료로도 나무가 사용된다. 종이가 없는 우리의 생활을 상상할 수 없을 만큼 종이는 귀중한 자원임에 틀림없다. 하지만 종이를 사용하면 하는 만큼 우리의 태양 에너지를 유기물로 바꾸고, 대기를 정화시키며, 지구 생명체를 살리는 귀중한 산소를 제공해 주는 나무를 베어내야만 한다는 사실을 기억해야 한다.

생활이 점점 여유로워짐에 따라 우리는 점점 더 많은 양의 종이를 사용하고 있다. 우리가 구독하는 신문과 잡지의 종류와 수도 다양해졌고, 각종 책·소책자·포장지·휴지·화장지·종이 수건 등 엄청난 양의 종이를 소비하고 있다. 이 같은 종이 소비량의 증가는 우리가 버리고 있는 쓰레기의 양을 보면 알 수 있다. 즉, 우리 나라의 도시 쓰레기 가운데 종이 함량은 약 30%에 달한다.

이와 같이 우리가 쓰는 종이는 해마다 증가하고 있으며, 그 쓰임새도 다양해지고 있다. 먼저 낭비성 우편물의 예를 들 수 있다. IMF 이후 조금 줄어들기는 했지만, 낭비성 우편물(광고와 판촉물이 주종을 이룸)이 전체 종이 소비량의 상당한 부분을 차지하고 있다. 또한 FAX를 이용한 판촉도 문제이다. FAX 번호를 알려주지도 않았건만 다른 곳을 통해 알아 내고는 계속 FAX를 보내는 경우가 왕왕 있다. 이럴 때 양쪽이 다 피해를 보는 것이다. 또한 간혹 2~3일 정도 집을 비우는 경우, 그 사이에 우편함이 넘치는 것은 일반적인 현상이다.

우리가 쓰고 있는 종이는 나무로 만들어지므로 우리가 종이를 절약하면 종이 생산에 쓰이는 나무들을 절약할 수 있게 된다. 우리 나라에서 사용하고 있는 신문 용지, 각종 서적용 책자 용지, 기타 용도에 사용되는 펄프의 생산량이 너무나도 부족하기 때문에, 해마다 종이 원료인 펄프를 대부분 외국으로부터 수입하고 있는 실정이다. 우리가 해마다 사용하고 있는 종이의 양을 나무로 따지면 국민 한 사람당 나무 반 그루 내지 한 그루에 해당된다고 한다.

그렇다면 종이를 절약하기 위해서는 어떤 생활 습관이 필요할까? 특히 대학에서 할 수 있는 것을 찾아보면, 먼저 연습지로 쓰는 종이는 앞뒤로 사용하며, 집 안에 학교에 다니는 동생이 있을 때는 노트의 남은 부분들을 잘라서 연습장으로 쓰게 한다.

둘째, 화장실에 있는 종이 타월과 식당의 종이 네프킨 대신, 천으로 된 행주나 천으로 된 네프킨을 사용하면 어떨까? 특히 화장실의 경우 세면대 위에 수건을 올려 놓으면 좋을 것이다. 학생들의 경우, 운동을 한 후 씻게 되는데, 얼굴을 씻고 수건이 없으니까 화장실의 휴지를 수건 대신 사용하는 경우가 있다. 이것은 여러 가지 면에서 볼 때도 좋지 않다. 더구나 종이 타월과 종이 네프킨은 표백을 했기 때문에 발암 물질이 함유되어 있을수 있다는 것을 명심하여야 할 것이다.

셋째, 화장지의 양이 항상 적당해야 한다. 화장지의 사용이 너무 보편화되자, 물기를 닦는 것부터 화장실에 이르기까지 대부분의 용도에서 낭비하는 것이 일반화되어 있다.

넷째, 학교 내에서 종이를 아껴쓰고, 복사를 할 때는 양면 복사기를 이용하며, 꼭 이면지를 활용하도록 한다.

다섯째, 너무 많은 종류의 신문과 잡지를 읽기보다는 1~2종의 좋은 출판물을 구독하여 종이의 과다 사용을 막는다.

여섯째, 행정 사무실에서는 관청이나 공공 기관에서는 행정 간소화로 불필요한 공문서나 간행물의 출판을 줄인다.

일곱째, 각 학과별로 지나치게 많은 광고, 판촉물의 제작 및 배포를 억제하는 방안을 강구한다. 요즈음에는 대학 내에서도 각 학과

별로 경쟁이 되어 학과 알리기를 위해 분주하다. 꼭 필요한 것이 아니면 홈페이지를 제작하여 이용하도록 유도하여야 할 것이다. 또한 컴퓨터 화면상으로 보면 될 자료를 꼭 출력하는 습관은 자원 활용면에서 좋지 않을뿐더러 많은 종이를 사용하게 된다는 것을 알아야 한다.

5
1회용품, 사용 억제하자

  생활의 편리성 때문에 우리 사회는 현재 1회용 기저귀와 생리대, 그리고 종이 컵 외에도 많은 1회용품이 범람하고 있다. 특히 대학 내를 살펴보면 생활의 편리성 때문에 1회용 종이 또는 플라스틱 컵, 나무나 대나무로 만든 1회용 젓가락, 플라스틱이나 나무로 된 1회용 숟가락, 1회용 식기 및 도시락, 1회용 면도기·칫솔 등 1회용 제품이 흥청망청 사용되고 있음을 볼 수 있다.

  1회용 제품은 내구성 제품에 비해 다시 세척해서 쓸 필요 없이, 한 번 쓰고 나서 버릴 수 있다는 편리함 때문에, 젊은 사람들에 의해 많이 사용된다. 그러나 1회용 제품을 쓰게 되면 내구성 제품을 쓰는 것보다 수십 배의 자원과 에너지를 낭비하게 된다는 것을 알아야 한다. 미국의 경우 1회용 식기 및 수저에 사용되는 돈을 3년간 모으면 아프리카의 굶주리는 사람들을 1년간 먹이고도 남는 식량을 살 수 있다는 것이다.

일부 1회용품은 한 번만으로 사용하기에는 너무나 아까운 것이 많다. 단적인 예로 중국에서 수입되는 1회용 대나무 젓가락이 그것이다. 중국에서는 1회용 대나무 젓가락의 수출 증가로 인해 해마다 넓은 면적의 대나무 숲이 줄어들고 있다.

확실히 이러한 1회용품의 범람은 풍요로운 소비 생활과 함께 나타나므로 소비 물자가 풍족하지 못한 중국과 러시아 등 사회주의 국가에서는 우리보다 1회용품 소비가 적고, 내구성 제품을 많이 사용함에 따라 자원의 소비도 적은 것이다. 그러나 저소비형인 경제 후진국들도 경제 성장이 진행되면 소비 수준이 향상되어 이러한 1회용품의 생산과 소비가 늘어날 것이다.

이러한 1회용품의 범람은 에너지의 소모가 심하기 때문에 자연 및 환경 보전에 있어서 커다란 문제점으로 대두되고 있다. 한 예로 1회용 종이 컵의 제조에는 나무가 많이 소요되므로(유리 컵은 반영구적으로 재사용이 가능하나 종이 컵은 매번 만들어 써야 한다) 숲을 파괴시킬 것이며, 플라스틱으로 제조된 제품들도 모두 석유에서 만들어지므로 재생 불능한 석유를 낭비하게 된다. 그러므로 자원의 이용을 항구화할 수 있는 재생 가능한 사회를 만들어 가려면 이러한 1회용 제품의 생산과 소비를 최소한으로 줄여야 한다.

이를 위해서 먼저 1회용 컵·젓가락·숟가락·식기·도시락 등 1회용 제품의 생산과 소비를 최소한으로 줄이고, 둘째 구내 및 학교 주변 음식점이나 연회 장소에서 1회용 컵·수저·식기 등을 내놓을 때는 가능한 한 내구성 제품을 사용하도록 권유해야 한다. 셋째, 1회용 대나무 젓가락은 한 번 사용한 후 버리지 말고 집에 가져

가서 재사용한다. 또한 이것을 튀김용 젓가락 등으로 재활용하면 좋다. 넷째, 목욕탕 등에서 사용한 1회용 면도기·칫솔 등은 집으로 가지고 와서 몇 번 더 사용한다. 1회용 치약과 비누도 2회 정도 더 사용할 수 있다.

6
폐지의 재활용

　우리가 사용하는 종이는, 나무로부터 직접 만드는 천연 펄프 종이와, 한 번 사용한 종이를 다시 사용하여 만든 재생지로 나눌 수 있다. 재생지는 일반적으로 '소비자 이전'과 '소비자 이후'의 폐기물을 재활용한 두 가지 기본 유형으로 다시 나눌 수 있다.
　'소비자 이전'의 재생지는 종이 공장에서의 재단물, 인쇄 공정의 판지 등과 같이 소비자의 손길이 전혀 닿지 않는 종이를 말한다. '소비자 이전'의 종이 폐기물은 질이 비교적 고르기 때문에 재생지 중·고급품을 만드는 데 사용된다. '소비자 이후'의 재생지는 신문·잡지·포장지 등과 같이 소비자가 사용한 후 폐품으로 수집된 종이로 만들어진 것이다.
　재생지는 나무를 절약하거나 최소한 유지하는 역할을 하기 때문에 재활용의 필요성이 있다. 재활용은 또한 결과적으로 나무를 종이로 만드는 데 필요한 방대한 양의 에너지와 물을 보존하는 것이며, 환경 중에서 배출되는 위해 화학 물질의 양과 땅에 묻어야 할 엄청난 짐을 줄이게 되는 것이다.

우리는 홍보물이 난무하는 시대에 살고 있다. 다 읽고 난 신문지를 비롯하여 광고 용지·골판지·포장지·잡지 등을 될수록 많이 재회수하면 쓰레기의 발생량이 줄게 되고 자원을 절약할 수 있게 된다.

우리 나라의 도시 쓰레기 가운데 종이가 차지하는 비율은 연탄재를 제외했을 때는 30% 정도로서 비교적 많은 양의 종이가 배출되고 있다.

그런데 우리 나라는 아직도 많은 양의 종이 원료를 수입에 의존하고 있으며, 폐지만 해도 연간 170만톤(1994년 통계)을 수입하고 있다. 한편, 재생 용지를 만들 때 국내에서 재회수된 폐지의 사용률은 65%에 이르고 있다. 이러한 비율은 외국에 비해 높은 편이어서 비교적 많은 양의 폐지가 재회수되고 있으나, 아직도 우리가 조금만 더 신경을 쓰면 재회수할 수 있는 여지가 많이 있음을 알 수 있다. 특히 대학에서는 각 학과별로 거의 2~3개의 신문을 보거나 해서 재회수할 수 있는 곳이 많다.

폐지의 종류는 크게 3가지로 나뉜다. 폐신문지·폐골판지, 기타 폐지로서 그 중 가장 많은 비중을 차지하는 것은 골판지 상자이다. 1993년도의 경우 국내에서 31만 7천톤의 골판지가 회수되었으며, 10만 9천톤의 폐신문지가 회수되었다. 회수된 골판지의 양은 국내 총 폐지 회수량의 38.7%이며, 회수된 폐신문지의 양은 국내 총 폐지 회수량의 12%에 해당된다.

폐골판지나 폐신문지를 회수하려면 우선 집 안이나 대학 내에서 이것은 모아둘 수 있는 상자 또는 공간을 마련해야 한다. 이 때에는 신문지 안에 끼워서 배달된 각종 광고지 등은 빼내어 따로 모아야 한다.

  폐골판지나 폐신문지 외에도 특히 대학 내에서 많은 나오는 잡지류·연습장·포장지 등을 구분하여 각각 모아두면 좋다. 이렇게 모아둔 종이들은 학교 차원에서 고물상에 갖다주거나 자원 재생 공사에서 가져가도록 하면 된다.

  대학 내에서 만든 학생용 수첩, 기타 홍보용 책자, 학회지 등은 재생된 종이 제품을 구입, 사용하는 것도 종이의 재회수 활동을 간접적으로 지원해 주는 것이 된다.

  또한 헌 신문지는 쓰레기통에 버리지 말고 학과 사무실 또는 행정 사무실의 일정한 장소에 모아두고 잡지·골판지·상자·포장지 등도 종류별로 분류하여 모아두면 편리하다. 아니면 건물 각층마다 모아두는 곳을 따로 정해 그 곳에 집적케 하는 방법도 있을 수 있을 것이다. 그리고 단순한 연락이나 광고 사항 등은 가능하면 재생용지를 사용하며, 화장실 종이도 재생용지로 만든 종이를 사용하는 것도 절약 생활의 한 방편이 될 수 있고, 나아가 국가 경제에 이바지할 수 있을 것이다.

7
폐합성수지 잘 썩지 않는다

 알루미늄은 가볍고 신장성이 좋아서 청량 음료 캔·알루미늄 호일·은박지·식기류 등에 널리 사용된다. 알루미늄은 지각 중에 풍부히 존재하지만, 이의 정제 기술이 뒤늦게 개발되어 가장 최근에 이용이 신장된 금속 중의 하나이다. 그러므로 알루미늄 제품이 처음 나왔던 19세기 초에는 알루미늄의 값이 금값보다 몇 배나 비싼 가격이었다.

 오늘날에는 알루미늄이 맥주 캔과 청량 음료 캔 제조에 가장 많이 사용되고 있다. 그런데 이러한 알루미늄의 제련과 알루미늄 제품의 제조에는 상당한 양의 에너지가 소요된다. 그러므로 알루미늄 제품을 재회수하면 알루미늄을 원광석인 보크사이트로부터 제조하는 것보다 에너지를 크게 절약할 수 있고, 이와 관련된 환경 오염(대기·수질·폐기물 오염)도 절감시킬 수 있다.

 낙동강 살리기 환경 정화 운동에 참여해서 낙동강 주변인 을숙도·하구언 둑 주변의 쓰레기를 줍다 보면 알루미늄 캔이 대부분이다. 미국과 같은 부자 나라에서도 알루미늄 캔의 재회수는 비교적 잘 되고 있는 편이라 한다. 대학 구내에는 많은 캔 음료 자판기가 설치되어 있다. 캔 자판기 옆에는 거의 언제나 예외없이 재회수통을 준비하여 수집이 용이하도록 하여야 한다. 하지만 대부분의 대학이 압축을 해서 회수한다든지, 또는 수집을 용이하게 하는 데 별로 신경을 쓰고 있지 않다.

앞으로 우리 나라에서도 가정이나 직장이나 학교에서 알루미늄 캔을 재회수하는 것을 생활화해야 할 것이다.

알루미늄 캔뿐만 아니라 플라스틱 병(요구르트 병 및 음료수 병) 및 플라스틱 제품·비닐 봉지 등도 재회수해야 한다. 플라스틱 제품은 식품 용기·포장재·전기·전자 제품·자동차·비닐 하우스·어망 등 우리의 일상 생활에서 널리 사용되고 있다. 어떻게 보면 우리는 이른바 플라스틱에 묻혀서 생활하고 있다고 해도 과언을 아닐 것이다.

우리 나라의 비닐·플라스틱 제품의 소비 실적은 '93년도 현재 2백80만톤의 소비 실적을 나타내고 있으며, 연평균 20% 정도의 높은 신장률을 보이고 있다. 이에 따라 매년 발생되고 있는 폐플라스틱의 양도 상당하여 1993년 발생 추정량은 1백90만톤에 이르고 있는 것을 볼 때 지금은 통계를 더 상당할 것으로 추정된다.

합성 수지를 화학적인 성분으로 폴리에틸렌·폴레프로필렌·폴리스티렌·염화비닐수지·에이비에스(A.B.S)·에이에스(A.S) 수지·메틸메타크릴에이크스티랜폴리머·아크릴수지 및 아크리코폴리머

・에틸렌비닐아세테이트(E. V. A)수지・폴리비닐리덴클로라이드(P. V. C) 수지 등 다양하며, 이들 수지의 공통점은 모두가 자연계에서 분해가 되지 않고, 이것을 태우면 염소 등의 유독 가스가 공기 중으로 배출된다는 점이다.

이렇기 때문에 이러한 폐합성 수지는 태워도 문제가 되며, 매립을 하여도 문제가 된다. 썩지 않기 때문이다. 그러므로 폐합성 수지는 반드시 수거하여 재생하여야 한다. 이렇게 하면 자원과 에너지를 절약하고 환경 오염을 크게 저감시킬 수 있다. 폐플라스틱의 재회수도 학교나 식당의 자판기 옆이나 시장 등에 이것을 담는 통을 준비해 두면 훨씬 용이해질 것이다.

8
포장 쓰레기 줄일 수 있다

 쓰레기의 배출량을 줄이기 위해서는 과잉 포장·용기의 추방이 급선무이다. 현재 과잉 포장이나 사용하고 남은 용기가 범람하고 있는데, 포장 용기도 유통 단계에서 포장되어 가정에서 배출되는 것, 생산 단계에서 포장되어 유통 단계에서 배출되는 것 등 다종·다양하다.
 환경부에 따르면, 96년 한 해 동안 쓰레기로 버려진 포장재는 전체 쓰레기량의 30%인 600여만톤이며, 이는 90년도에 비해 200만톤이 늘어난 양이라고 한다. 이중에는 재활용할 수 있는 포장재도 상당량 들어 있으며, 전체적으로는 혼합 재질의 플라스틱 포장 등 재활용할 수 없는 쓰레기도 연간 15%씩 늘어나고 있다. 이러한 포장재 쓰레기를 줄이기 위해서는 재활용할 수 있는 쓰레기를 분리 배출하는 것도 한 방법이지만, 구체적으로 구입 단계에서 포장이 적은 제품을 선택하는 등 쓰레기가 많이 발생할 수 있는 상품을 피해 구입하는 것이 현명한 방법이다.

현재 우리 사회에서는 포장재가 범람하고 있다. 슈퍼마켓이나 백화점에서 배출되는 쓰레기의 대부분이 포장재이다.

많은 물건들이 과다 포장되고 있는 것이다. 보통의 제품들이 4~5회 포장이 된다. 사례를 한번 들어보자. 치즈의 경우, 우선 치즈는 얇은 판 모양으로 만들어져 한 개씩 비닐로 포장되고, 이것이 10개나 20개 단위로 다시 포장된다. 그런 다음 두꺼운 종이갑에 싸여 이것이 다시 골판지 상자에 들어간다. 여기까지만 모두 4회 포장이 된 셈이다. 이것이 다시 도매상으로 넘어간다든지, 바다를 통해 수송될 때에는 컨테이너에 담기까지 1~2회 더 포장이 된다.

하나 더 예를 들어 보자. 한 패스트 푸드점에서 2명이 햄버거 2개, 감자 튀김 1개, 콜라 2개, 아이스크림 1개를 주문했다. 햄버거에서 나오는 포장지가 2개, 감자 튀김을 담은 봉지가 1개, 케첩을 담았던 비닐 포장지가 2개, 콜라를 담은 컵이 2개, 컵은 덮은 플라스틱 뚜껑이 2개, 빨대가 2개, 아이스크림을 담은 플라스틱 컵이 1개, 아이스크림을 떠 먹을 때 나무막대 1개 포장했던 종이가 2장, 쟁반에 깔아놓았던 광고 문구가 씌어진 종이가 1장, 냅킨이 3장이다. 이것들은 먹고난 후 모두 쓰레기통으로 들어간다.

이것을 포장해 달라 부탁하면 큰 사이즈의 종이 봉투에 햄버거 2개와 감자 튀김을 넣어주고, 또 다른 큰 봉투에 콜라 2개를 넣어주고, 작은 봉투에 아이스크림을 넣어준다. 그리고 여기에 플라스틱 아이스크림 뚜껑이 첨가된다. 그리고 그것은 다시 커다란 비닐 봉투에 담아준다. 집에 와서 음식을 먹고나면 가득 쌓인 쓰레기를 처리하느라 골머리가 썩을 만큼 처리하기도 곤란한 다량의 쓰레기가 나오게 되는 것이다.

대부분의 물건들이 다 그렇다고 할 수는 없다. 그러나 대부분의 포장재들은 우리가 물건을 구입한 후 즉시 벗겨 버리는 것들이다. 생필품에 있어서 물건을 구입하는 데 그렇게 중요한 역할을 하는 것이 아니다.

이러한 과다 포장으로 인해 쓰레기의 양이 엄청나게 증가한다. 일본의 어느 지방에서는 1주일에 2회씩, 요일을 정하여 '포장해 주지 않는 날'로 정하고, 각 백화점이나 시장에서 소비자에게 물건을 팔 때 포장을 해 주지 않고 소비자가 직접 포장재나 물건을 담을 용기(보자기·그릇 등)를 가지고 오도록 하였다고 한다. 이렇게 한 결과 쓰레기의 양이 반으로 줄었다는 것이다. 물론 우리 나라의 경우에도 쓰레기 종량제를 실시하고, 쓰레기 봉투를 별도로 판매함으로써 포장을 하지 않고 주부들이 직접 수레나 보자기 등을 들고 다니는 것이 이젠 어느 정도 자리를 잡아가고 있으며, 메가마트 같은 곳에서는 아예 일반 봉투 대신 쓰레기 봉투에 담아 판매함으로써 이중 효과를 거두고 있긴 하다.

한편, 포장재 중에서도 분해가 되지 않는 포장재(비닐·플라스틱·스티로폼 제품)는 자원을 낭비함은 물론 폐기물의 처리 및 최종 처분에 여러 가지 어려운 문제를 일으킬 뿐만 아니라, 자연계에서는 생태학적 장애를 일으키고 있다.

현재 자연계에서 광분해 또는 생물 분해가 되는 비닐·플라스틱 제품에 대한 연구가 진행 중이나 실용화 단계까지는 시간이 걸리 것이며, 이러한 제품들도 제조 공정에서 갖가지 유해 물질이 함유된 위험성을 항상 가지고 있다(예 : 플라스틱에 유연성을 주기 위하여 첨가되는 가소제는 강력한 발암 물질이다).

또한 가전 제품이나 가구의 손상 방지용 포장에 쓰이는 스티로폼은 분해가 안 되는 물질이다. 이것은 건축용 단열재·간이 아이스 박스·달걀 포장용 꾸러미 등에 널리 쓰이는데, 자연계에서 분해가 되지 않을 뿐 아니라, 이러한 제품이 부스러지면 염화불화탄소가 대기 중으로 방출되어 오존층을 파괴하기도 한다.

그렇기 때문에 같은 제품이라도 지나치게 많이 포장된 제품보다 간소하게 포장된 제품을 사고, 비닐·플라스틱으로 포장된 제품보다 종이 등 잘 분해되는 물질로 포장된 제품을 사며, 플라스틱 병에 넣은 청량 음료수보다 재생할 수 있는 용기인 유리병에 넣은 청량 음료수를 살 필요가 있다. 그리고 스티로폼은 포장된 달걀을 피하고, 짚으로 포장된 달걀을 사거나, 또는 대량으로 구입하게 되면 값이 더 싸고 포장재가 적게 든다는 것을 명심해야 한다. 그리고 당근·양파·감자 등의 채소류는 비닐 팩에 든 것을 피하고 그대로 있는 것을 사서 장바구니를 이용해 가져오는 것이 좋다. 그러므로 환경 문제 해결은 오직 실천으로부터 시작된다.

9
먹고 남긴 음식물 쓰레기 이대로 좋은가?

우리 나라의 연간 쓰레기 발생량은 약 2천만톤에 이른다. 한 해 동안 발생하는 음식물 쓰레기의 양은 550만톤으로 전체 쓰레기 발생량의 28%를 차지하고 있다. 음식물 쓰레기는 음식점과 가정에서 주로 발생하며, 전체 음식물 쓰레기는 각각 42%와 40%씩을 차지하고 있다. 이는 쓰레기 중 음식물 쓰레기에 대해서는 거의 문제가 되지 않는 미국 등 서구와는 다른 음식 문화에서 비롯된 것이다.

우리 나라는 가정이나 음식점 할 것 없이 상다리가 휘도록 상을 차려야만 제대로 된 손님 접대나 식사라고 생각하는 전통적인 음식 문화에서 비롯되었다고 할 수 있다. 따라서 건전한 식생활 문화와 음식물 쓰레기 감량화를 획기적으로 정착시켜 퇴비나 사료화로 자원화를 가속화시킬 수 있다면, 생활 폐기물(생활 쓰레기) 정책은 상당히 성공을 거둘 수 있을 것으로 판단된다.

그러나 우리 나라의 경우 음식물 쓰레기의 대부분인 95%를 매립에 의존하고 있는 것이 현실이다. 음식물 쓰레기는 거의 유기물로 구성돼 있어 쉽게 썩지만, 워낙 높은 오염 부하를 지니고 있어 썩는 과정에서 악취나 침출수로 인한 2차 오염 등의 문제가 발생한다. 최근 매립지 주변의 이 같은 환경 오염 문제로 일부 매립지에 젖은 쓰레기 반입을 금지하는 조치가 취해졌음에도 불구하고 음식물 쓰레기의 발생량은 줄지 않고 있다.

매립지에는 '타지 않고' '썩거나 분해되지 않으며' '중금속 등 유해한 화학 물질이 빗물 등에 의해 빠져 나오지 않아야' 하며, '전염 병균 등 해로운 미생물 또는 곤충이 번식하기 어려운' 쓰레기만을 매립하는 것이 바람직하다. 더욱이 우리 나라는 국토가 좁고 인구가 많아 매립지의 확보도 매우 어려운 실정이다.

정부도 음식물 쓰레기를 줄이기 위해 '식단 줄이기' 등 많은 노력을 하고 있다. 이런 운동에 대학이 함께 참여하여야 한다. 대학에서 나온 쓰레기도 만만치 않다. 전래의 가짓수가 많은 음식 문화를 바꾸기가 쉽지 않고, 더욱이 경제가 성장하면서 '살기 위해 먹는' 시대가 지나 각자의 기호에 맞는 음식을 골라 먹는 것이 현재의 추세이다.

결국은 여러 가지 음식을 만들어 한 번에 내놓아 남긴 음식을 버리기보다는, 기호에 맞는 음식을 골라 덜어 먹는 방식을 취하는 것이 여러 모로 바람직하다고 볼 수 있다.

또한 국가적 차원에서 감량화·자원화를 위한 기술 개발 및 지원, 개발된 기술의 보급 등에도 노력하여야 할 것이다.

10
자동차 이야기

우리 나라에서 승용차는 전체 수송의 14%만을 분담하고 있다. 그러나 이 승용차가 전체 도로의 61%를 점유한다. 더구나 혼자 타는 승용차는 87.5%를 차지해 승용차 1대당 평균 승차 인원은 1.3명에 불과하다. 또한 승용차의 이용 거리는 1일 평균 63.8Km로 미국의 1.4배, 일본의 2.3배나 되는 등 교통난을 가중시키는 원인이 되고 있다.

서울과 같은 대도시에서 맑은 하늘을 보기란 쉬운 일이 아니다. 먼지와 같은 대기 오염 물질이 빛을 산관·굴절시키기 때문이다. 대기 오염 물질을 내뿜는 것이 자동차만은 아니지만, 자동차에서 배출되는 대기 오염 물질만 줄인다면 대도시의 하늘은 지금보다 깨끗해질 것이다. 그러나 자동차에서 배출되는 대기 오염 물질을 줄인다는 것인 말처럼 쉬운 일은 아니다. 자동차에서 배출되는 대기 오염 물질은 차량수·주행수·주행 거리·주행 속도·연료의 종류에 영향을 받는데, 현재 우리 나라의 여건을 고려해 볼 때 이 모든 것이 쉽게 개선될 것 같지 않기 때문이다. 자동차에 납이 없는 휘발유를 사용하고 정비를 철저히 하여 연료의 효율을 높이면, 대기 오염을 줄이고 에너지를 절약할 수 있다.

납은 자동차의 옥탄가를 낮추기 위해 휘발유에 첨가된다. 그런데 이렇게 납이 함유된 휘발유를 자동차의 연료로 사용하게 되면 배기 가스로부터 납이 공기 중에 배출되어 이것을 사람이 흡입하게 되면 간·콩팥 및 중추신경에 손상을 입게 된 것이다.

그러므로 자동차의 정비를 철저히 하여 연료의 효율을 높이면 같은 양의 연료로 더욱 긴 주행 거리를 달릴 수 있다. 그리고 연료 절약뿐만 아니라 대기 오염도 줄일 수 있다. 서울 시내의 경우를 볼 때 여름철에 발생하는 대기 오염 물질의 절반 이상이 자동차로부터 나온다.

서울 시내에 있는 2백만 대의 차량 중에서 하루에 50%인 1백만 대가 주행된다고 하고, 1대의 하루 평균 주행 거리가 60km라고 가정할 때, 서울에서 자동차에 의해 하루에 대기 중으로 배출되는 오염 물질의 양은 아황산가스가 19톤, 분진 9톤, 질소산화물 168톤, 일산화탄소 9백60톤, 탄화수소가 108톤이다. 이와 같은 엄청난 양의 대기 오염 물질이 생성되는데, 이것은 낡은 차량이나 정비가 불량한 차량일수록 배출량이 급격히 증대된다.

이러한 대기 오염 물질의 배출량을 줄이고 연료 효율을 높이려면, 첫째 정기적으로 튠업(tune-up)을 해 주어야 한다. 튠업이 잘 된 차는 그렇지 않은 차보다 연료를 훨씬 적게 소모한다. 따라서 오염 물질의 배출량도 그만큼 감소되는 셈이 된다.

또한 자동차의 단위 연료당 주행 거리(gas mileage)를 꾸준히 기록해 두면 좋다. 이렇게 하면 주행 거리가 갑자기 떨어졌을 때 문제를 쉽게 발견하여 빨리 손으로 볼 수 있으므로 그만큼 대기 오염을 줄이고 연료를 절약할 수 있다.

대기할 때 자동차의 시동을 건 상태에서 차를 세워두지 말고, 가능한 한 시동을 껐다가 재출발하는 것이 좋다. 일반적으로 1분 이상 연동 상태가 지속되면 시동을 껐다가 재출발하는 것이 휘발유가 덜 소모된다고 한다. 이것은 서울 시내와 같이 정체가 심한 지역에서 모든 운전자가 이렇게 한다면 대기 오염을 크게 줄일 수 있게 된다.

또한 자동차에 불필요한 짐을 싣고 다니고 있지 않은지 점검해 볼 필요가 있다. 가볍게 할수록 연료가 절약되기 때문이다.

자동 변속기와 파워 스티어링 장치, 자동식 창문 개폐 장치나 파워 브레이크 장치 등도 운영에 에너지가 많이 소비되며, 연료의 소모량을 증가시킨다. 그러므로 가능한 한 달지 않도록 하며, 호화로운 차보다 간소한 차를 타도록 한다.

자동차에 의한 대기 오염을 감소시키기 위하여 주유소에서도 해야 할 일이 있다. 즉, 자동차에 휘발유를 넣을 때 휘발유 펌프 노즐에 장착되어 있는 플라스틱 덮개를 자동차의 연료 탱크 구멍에 나사를 돌려 단단히 조인 후 급유해야 한다. 이렇게 하지 않으면 급유시에 증발되는 휘발유 증기가 대기를 오염시키게 된다.

한 예로 휘발유의 한 성분인 부탄은 이것이 증발할 때 스모그를 생성시킨다. 그러므로 이러한 플라스틱 덮개를 뒤로 잡아빼거나 가스 노즐을 연료 탱크 위에 놓지 말아야 한다. 왜냐 하면 휘발유 증기가 발생하여 스모그를 생성하기 때문이다.

11
환경 문제 근검 절약 정신으로 해결하자

흔히 바람직한 소비 생활이란, 먼저 자신의 욕구를 정확히 파악하고, 상품 정보를 충분히 알아본 뒤, 주어진 예산의 범위 내에서 계획을 짜서 가장 활용이 높은 제품을 구매하는 것으로 알려져 있다.

물건을 살 때에는 먼저 이것이 꼭 필요한 것인가, 사지 않고도 다른 것을 활용하거나 대치해서 쓸 만한 것은 없는가? 잠시 쓰는 것이라면 빌려 쓸 수는 없는지, 광고에 현혹되어 충동 구매하는 것은 아닌지, 겉모양보다 쓸모가 있는 물건인가? 그리고 오랫동안 잘 쓸 수 있는 물건인가를 생각하여야 한다.

그런 뒤 일단 구입한 물건은 어떤 물건이든지 되도록 버리지 말고, 고장난 것은 수선해서 쓰고, 싫증이 나면 약간 변형해서 쓴다든지 하여 오래 쓰면 쓰레기의 발생량도 줄게 되고 자원과 에너지를 절약할 수 있게 된다.

이렇게 물건을 아껴쓰는 습관은 영국 사람들의 의생활에 습관화되어 있음을 볼 수 있다. 멋있는 영국 신사의 신사복 상의를 한번 봐 보자. 오래 입기 위하여 가죽으로 팔꿈치를 대지 않았던가.
　근검 절약 정신도 경제적 상황에 따라서 달라지는 것이 사실이다. 제2차 세계대전 후 독일이 심한 인플레로 물가가 폭등하고 실업률이 높았던 시절의 이야기를 우리는 잘 알고 있다. 그 시절에는 3명 이상이 모였을 때만 비로소 담배 한 대를 돌려가면서 피웠다 한다. 그리고 불을 켠 성냥개비는 바로 불어서 성냥갑에 모은 후 성냥 공장으로 보내어 재생시켰다는 것이다. 지금도 전쟁을 겪은 세대들은 사과와 배를 먹을 때도 속까지 다 먹고 씨만 버린다고 한다.
　근검 절약 정신은 일본인들의 생활 속에서도 뚜렷이 볼 수 있다. 이들은 먹는 것도 아끼고 버리는 것도 아끼지만, 공간도 아껴서 부존 자원이 없는 나라에서 오늘날과 같은 세계적인 경제 대국으로 발돋움하게 되었던 것이다.
　소비 생활이 풍족해질수록 근검 절약 풍토는 퇴색해 가는 경향이 있다. 우리 나라의 경우 일부 초등학교 분실물 보관 센터에는 보관되어 있는 우산·가방·필통 등 학생들이 찾아가지 않은 물건들로 계속 쌓여가고 있다는 보도를 접한 적이 있다. 특히 대학 내에서도 분실물 보관소 등을 만들어 습득한 물건은 보관해 두었다가 주인이 찾아가는 그러한 문화를 만들어 가야 한다.
　근검 절약하고 물건을 오래 쓰는 습관은 매우 바람직한 것이며, 우리의 소비 생활이 풍족해질수록 이러한 생활 양식의 습관화가 더욱 필요해질 것이다.

 이를 위해서는 어떤 물건이든지 튼튼하고 내구성이 있는 것을 구입하여 오래 쓰며, 버리기 전에 변형하여 다시 쓰거나 다른 사람에게 주어서 다시 쓸 수 없는지 생각해 보고, 이것을 버렸을 때 환경에 어떠한 영향을 미칠 것인가를 다시 한 번 생각해 보는 습관을 가져야 한다. 그리고 항상 물물 교환 상점이나 중고 가구점을 이용하여 절약하는 습관을 들이는 것이 바람직하다고 하겠다.

12
휴지·담배 꽁초·껌을 버리지 말자

캠퍼스 내의 거리를 걷다보면 휴지나 담배 꽁초·껌 등을 함부로 버리거나, 침을 아무 데나 뱉는 광경을 흔히 볼 수 있다. 이러한 비도덕적인 시민 의식 때문에 길거리가 더럽혀지고, 청소 아주머니들의 작업이 과중해진다. 몇 년 전 과적한 손수레의 무게에 눌려 숨진 청소부의 사건을 우리는 알고 있다.

이러한 것은 물론 가정에서 나오는 쓰레기량의 과다와 청소 장비 및 청소 인부의 부족에 그 직접적인 원인이 있다 하겠지만, 길가에 휴지나 담배 꽁초·껌 등을 함부로 버린 사람들도 이러한 참사에 가세한 셈이 된다. 대학의 캠퍼스에서부터 함부로 버리지 않는 습관을 갖는다면 사회에 나가서도 버리지 않을 것이다.

미국이나 독일·싱가포르 등 선진국에 가보면 우리와 같이 길가에 휴지나 담배 꽁초·껌 등을 마구 버리는 사람을 전혀 볼 수가 없다. 이것은 공중 도덕을 잘 지키는 높은 국민 의식과 철저한 준법 정신에 그 기반이 있는 것이다(이러한 나라들은 대부분 이런 행위에 무거운 벌금형을 가하고 있다).

우리 나라에서도 20여 년 전에 휴지·담배 꽁초를 버리거나 침을 뱉는 행위에 대해서 벌금을 가하도록 하는 경범죄 처벌법을 제정한 바 있다. 그러나 이 법의 제정 당시부터 지금까지 이 법은 있으나마나한 법으로 사문화되었다. '90년 8월 1일부터 거리에 담배 꽁초나 침을 뱉는 행위에 대한 단속을 재개했으나, 이러한 행위는 여전히 근절되지 않고 있다.

88고속 도로에서 하루에 수거되는 담배 꽁초·휴지·쓰레기가 2트럭분이 된다는 집계가 오래 전에 발표된 바 있다. 이것은 자기 것만 귀하게 여기고 여러 사람의 것이거나 남의 것은 조금도 아낄 줄 모르는 나쁜 습관에서 나오는 것이다.

이는 단적으로 말한다면 '자동차 안의 공간은 내 소유니까 담배 꽁초나 휴지를 버릴 수 없고, 자동차 밖은 내 소유가 아니고 남이나 여러 사람의 소유니까 내가 상관할 바가 아니다'라는 이기적인 심리가 작용하기 때문이다.

씹던 껌을 함부로 버리는 습관도 유독히 우리 나라 사람들에게 심한 것 같다. 우리 나라 대학 캠퍼스의 어디를 가도 길가의 보도 블록 위에는 검은 얼룩이 묻어 있다. 모두가 씹던 껌을 그대로 뱉었기 때문이다. 이것은 미관상 대단히 흉할 뿐 아니라 한 번 껌으로 검게 얼룩지면 쉽게 지워지지 않고 계속 남아 있게 된다.

또한 침을 함부로 뱉는 것도 우리의 눈살을 찌푸리게 한다. 침을 함부로 뱉게 되면 결핵·전염성 간염 등 많은 전염병이 공기를 통하여 사람들에게 전파될 수 있으며, 거리에 뱉어진 침은 미관을 해치고 불쾌감을 주게 된다.
 그리고 더 심각한 것은 어린 학생들까지 이젠 침을 뱉고 껌을 함부로 버리는 습관이 일반화되어 간다는 점이다. 대부분의 어른들이 이렇게 할진대, 어린이들이 안 그러겠는가.
 우리 나라의 아이들도 흔히 가게에서 과자·빵·빙과류를 사 먹고 그 껍질을 길거리에 마구 버리는 것이다. 껌 또한 마찬가지이다. 이러한 비도덕적인 시민 의식은 사회 전반에 확산되어 있는 분위기가 그렇기 때문에 좀처럼 단시일 내에 고쳐지기 어렵다 할 수 있다. 그러나 장기적인 계몽과 실천 교육 및 의식화 작업이 수반된다면 어려운 일도 아니다.
 이렇기 때문에 이러한 것을 시정하기 위해서는 꾸준한 계몽과 교육을 통하여 전반적인 사회 풍토와 분위기를 쇄신해야 할 것이다.

13
환경 교육 필요하다

 교육은 백년지대계라 한다. 교육의 효과는 비교적 느리게 나타나지만 장기적으로 볼 때 가장 확실하고 지속적인 방법이다.
 우리가 환경 문제에 깊은 관심을 가져야 하는 이유는 환경 보전 문제가 이제 국가 경제와 깊이 관련되어 있으며, OECD 가입 국가로서 앞으로 이 문제를 도외시하고서는 국제 산업 사회에서 경쟁력을 갖출 수 없기 때문이다. 그린 라운드를 통해 산업 및 통상 분야에 대한 각종 규제와 함께 환경 보전을 위한 적극적인 조치가 취해지지 않는 제품은 수출입 허가도 어렵게 될 것이다.
 환경 보전 문제를 가장 중요한 교육의 주제로 다루어 자라나는 세대로 하여금 그 중요성을 깨닫게 하는 것이 중요하다.
 오늘날 지구촌은 자연 파괴가 이미 심각한 지경에 이르러 인간의 쾌적한 생활을 물론 생존 자체가 위협받고 있다. 또한 자연 생태계의 파괴와 오염으로 수많은 동식물이 이미 멸종하였거나 멸종의 위기에 있다. 동물이 살 수 없을 정도로 파괴된 자연 환경 속에서는 인간도 살 수 없다. 지구는 우리의 후손에게 물려줄 것이라는 의식을 심어주어야 한다.

또한 환경 문제는 실천의 문제이다. 아무리 좋은 교육을 시켜도 몸소 실천하고 검소한 생활을 하지 않으면 별 의미가 없는 것이다.

예를 들어서 부모들이 집 안에서 물과 전기를 아껴쓰고 물자를 절약하는 습관을 몸소 보여주면 아이들도 따라서 하게 된다. 가장 좋은 교육은 말보다도 실천이기 때문이다. 아이들은 부모를 보고 자라는 것이다. 수도꼭지를 틀어놓지 않으며, 개숫물을 받아 정원에 주고, 세차를 할 때도 호스를 계속 틀어 놓은 채 하는 대신 물통에 물을 받아서 하고, 쓸데없이 켜 놓은 전기 등은 부지런히 끄고 하는 행동을 몸소 실행해 보자. 그리고 아이들에게도 이렇게 되도록 시켜야 한다. 한번 구입한 물품은 오래 쓰도록 하며, 스스로 신발·의복·학용품 등을 오래 쓰도록 가르쳐야 한다. 또한 가정에서 1회용 물품을 적게 쓰고, 헌 신문지·빈병·알루미늄·건전지 등을 재회수하도록 한다.

캠퍼스 내에서도 학과 사무실이나 학회실 등은 스스로 가져야 하며, 씹던 껌도 반드시 겉종이에 싸서 휴지통에 버리도록 하여야 한다. 그뿐만 아니라 몸에 익혀야 한다. 풀 한 포기, 나무 한 그루라도 정성껏 가꾸고 돌보는 습관을 외국에서는 이러한 교육의 일환으로 어린이들에게 일정한 코스를 돌면서 나무를 다섯 번 껴안아 주기, 풀에 세 번 키스하기 등의 놀이를 시킨다는 것이다.

또한 곤충이나 물고기·새·동물 등을 함부로 잡아서 죽이거나,

무절제하게 채집하지 못하도록 교육하여야 한다. 이러한 것들도 우리의 한가족처럼 대하도록 어릴 때부터 교육을 시킨다.

 마지막으로 중요한 것은 건전한 고발 정신을 가지도록 길러주어야 하는 것이다. 함부로 휴지·꽁초·쓰레기·껌 등을 버리는 것을 보았을 때는 어른이나 어린이를 막론하고 부드럽게 잘못을 지적해 줄 수 있는 습관을 기르도록 해 준다.

제6장
대학과 홍보

제3장
환율 도달

1
대학도 홍보해야 살아남는다

　1996년도부터 서서히 대학에 대한 광고가 많이 나오더니 요즈음에는 신문이나 TV를 보면 대학 관련 광고나 기사가 유난히 큰 공간을 차지하는 것을 볼 수 있다. 이제 대학도 광고를 해야만 살아남을 수 있다는 위기 의식을 느끼고 있음을 단적으로 보여주는 예라 할 수 있다.
　대학 평가 제도 도입과 고등 교육 시장 개방 및 대학 진학 인구 감소 등으로 대학이 긴장하고 있는 것이다. 2003년에는 대학 입학 지원자가 '97학년도보다 무려 16만 명이나 적은 약 66만 명으로 뚝 떨어진다. 입학 정원이 지원자 수를 초과해 정원 미달 사태가 일어날 것으로 전문가들은 예상하고 있다. 따라서 지금까지 앉아서 학생을 기다리던 대학 관계자들이 '직접 고등학교 등 현장에 나가 수험생을 모셔야 하는 시대'가 오고 있는 것이다.
　이 같은 급변하는 교육 환경에 대비하여 각 대학들은 종전의 설명회·학교 초청회 등의 소극적인 홍보 전략으로는 살아남기 어렵다고 보고, 적극적인 홍보 전략에 나서고 있으며, 그 대학 동문 출신의 교수·직원·학생, 이 하나의 팀이 되는 동아리를 만들어 출신고교에 직접 방문하는 방법의 홍보가 전개되고 있다. 기업의 판매에 해당하는 대학의 홍보 활동은 기업의 생산에 해당하는 대학의 교육과 연구보다 더욱 중요시되고 있는 것이 오늘날 현실이다. 교육·연구 활동을 개혁한 후에 홍보에 나서기보다 홍보를 통해 교육·연구 활동까지 개혁하는 것이 때로는 더 능률적이기 때문이다.

한 예로 '89년 개교한 일본 다마 대학 노다 가즈오 학장은 이례적으로 '홍보 맨'을 자처하며, 개교 전인 '87년 대학 설립 준비 때부터 대학 관계자는 물론, 관련 공무원·언론인 등에게 매주 대학 설립 추진 소식 등을 담은 엽서를 보내 제안·요망·비판·불만 등의 여론을 수렴하는 홍보를 주도했다고 한다. 그 결과 다마 대학은 신설 전후에 개혁 추진이 순조롭게 되었으며, 우수한 대학으로 평가받게 되었다.

또 아세아 대학은 '88년 5월 일부 대학 구성원의 강력한 반발에도 불구하고 대학사상 최초로 TV 광고를 방송, 방송 직후 하루 5개사의 취재에 응해야 하는 사회적 반향을 불러일으켰으며, 4,800만 엔의 투자로 5억 엔의 광고 효과를 거둔 것으로 분석됐다.

한국 대학의 광고를 보면 사용하는 문구도 다양하다. 사용하는 문구는 '000 최우수 대학'등 대학의 우수성을 내세우는 보편적인 방법에서부터 '세계화 시대의 최선의 선택', '미래형 대학'등 발전

가능성을 홍보하는 방법까지 다양하다.

뚜렷한 수상 경력이 없는 대학들도 나름대로 독특한 이미지로 수험생들을 끌어모으기 위해 부심하고 있다.

그러나 대학의 홍보 활동은, 첫째 전달하는 내용에 사회적 의의가 있어야 하고, 둘째 최고 결정권자가 참여해야 하며, 셋째 쌍방의 커뮤니케이션인 동시에, 넷째 대학 구성원 전원의 프로 홍보 맨화를 추구해야 하는 것을 잊어서는 안 될 것이다.

또한 지역에 뿌리를 내린 대학으로 만들어야 한다. 그리하여 지역 주민이 대학이 그 지역에 자리하고 있는 것에 대해 자부심을 갖게 되고, 외부인이 그 지역을 방문했을 때 자신 있게 그 대학을 소개할 수 있도록 만들어야 한다. 특히 택시 기사에 대한 홍보도 필요하지 않을까 생각한다.

2
도우미를 활용하자

　대학 홍보전이 막대한 홍보비와 기발한 기획 등으로 대기업의 홍보를 방불케 할 정도로 날로 치열해 지고 있으며, 독자들 역시 읽는 데에서 보는 데로 변하고 있다 또한 대학 홍보의 주요 시장은 10대 말에서 20대 초반의 수험생과 학부모가 주류를 이루고 있다. 어찌 보면 가장 섬세한 감성을 지닌 시기라 할 수 있다. 이러한 수험생을 위한 홍보 전략을 기획하다 보면 무엇보다도 수험생의 생각이 무엇인가를 알아야 그 홍보가 성공할 수 있다.
　요즈음 각 대학에서는 뉴스 레터·학교 홍보 비디오·학교 신문·학교 방송, 각종 일간지 및 방송 등을 홍보 매체로 활용하고 있다.
　이러한 매체를 활용하다 보면 모델이 필요하게 된다. 이러한 필요한 모델을 구할 수가 없어 대학들은 학내에서 눈에 띄는 학생들 중에서 양해를 구해 모델로 활용하고 있다. 많은 돈을 주고 전문

모델을 쓸 수도 없고, 그렇다고 대학에 대해 잘 모르는 일반인을 출연케 할 수도 없기 때문이다.

이럴 때 활용할 수 있는 것이 전문적으로 교육을 받은 학생 도우미이다.

학생 도우미는 필요한 인원을 학과 추천과 공개 응모를 통해, 용모가 단정하고 언어 구사력과 발표력이 뛰어난 학생들 중에서 미리 선발해 훈련을 시킨 후, 표지 사진이나 비디오 제작에 참여시키면 된다.

참여하는 학생들도 학교에 대한 자부심과 애교심을 갖을 수 있어 좋고, 이러한 학생들이 학내나 학외에서 전문 홍보 요원이 되는 것이다. 또한 실질적으로 그 대학에 다니는 학생들이 설명하는 것이기 때문에 신뢰감을 줄 수 있고, 거부감도 덜 느끼게 될 것이다.

또한 학생들을 초청해 학교 설명회를 많은 대학들이 갖는다. 학교 설명회는 학생들이 지겨워하지 않도록 짧은 시간에 필요한 정보를 주어야하는데, 프로그램 편성시 꼭 기억해야 할 사항들이 있다.

첫째, 여학생의 경우에는 입시 관련 설명은 말고, 여학생들이 필요한 것이 무엇인지를 파악해야 한다. 예를 들면 고등학교를 졸업할 시점에는 메이크업에 관심을 많이 가질 수 있으니, 프로그램 중에 메이크업에 관한 특강을 실시해 보라.

둘째, 학교 설명을 관계자만 할 것이 아니라, 그 고등학교 출신 중 대학에 재학 중인 학생을 선발해 학교 설명을 하게 하면 자기 선배가 하는 설명에 대해 신뢰감을 가지게 되고, 보다 친근한 관계가 될 수 있다.

 이렇듯 학생 도우미를 활용하면 최소의 비용으로 최대의 홍보 효과를 올릴 수 있으며, 홍보에 신뢰감을 줄 수 있을 것이다.

3
전 구성원의 홍보 요원화

　요즈음 각 대학들은 대학 홍보에 열을 올려 많은 광고비를 들여 가며 이미지 광고나 신입생 선발 및 신임 교수 초빙 광고 등을 하고 있다. 그러나 광고는 외부 고객과 내부 고객으로 시장을 구분해 볼 때 정작 중요한 것이 하나 빠져 있다.

　광고를 통하여 조직의 밖에 있는 사람, 즉 외부 고객에게는 많은 정보를 제공하고, 원하는 사람을 뽑기 위해 많은 경비를 들여 홍보를 하고 있으면서, 정작 그 대학에 근무하고 있는 직원이나 교수·학생 등 내부 고객에 대해서는 '우리 사람이니까' 또는 사정을 잘 아니까 정보를 제공할 필요도 없다고 생각할 수도 있다. 그러나 그것은 하나만 알고 둘은 모르는 결과를 가져오는 경우가 있다.

　대학 구성원 한 사람이 관계를 맺고 있는 인간 관계를 한번 생각해 보자. 자기 가정에서부터 친구·친척 등 10사람은 넘을 것이다. 한 사람당 10명씩 보고, 구성원이 500명이면 5000명이 된다. 이

5000명은 그 사람이 하는 이야기를 듣게 되고, 나쁜 정보를 흘렸을 때 이것이 옳은 정보인지 그렇지 않은지 판단을 하기에 앞서, 그냥 그렇게 믿게 된다. 그렇게 해서 정보를 접했던 사람은 또 그 주변 사람에게 더 나쁘게 부풀려서 이야기하게 된다. 이렇듯 홍보에 있어서 내부 고객이 상당히 중요한 역할을 한다.

이러한 내부 고객의 중요성을 인식해야 하며, 새로운 기획을 하였을 때나 대학의 중·단기 계획 등에 대해서는 교육을 시키는 프로그램을 준비해야 한다. 이렇게 되었을 때 왜곡된 정보를 바로잡을 수 있고, 스스로 홍보 맨이 되어 남에게 그 대학의 좋은 점과 비전을 제시할 수 있기 때문이다.

구성원 역시 직장에 대한 소속감과 관심을 가져야 다른 사람에게 좋은 이야기를 할 수 있다는 것을 알아야 한다. 자기가 좋지 않다고 생각하는 대학에 대해 누구에게 좋은 대학이니까 지원해 보라고 권하겠는가. 또한 밖에 나가 이야기할 때마다 좋지 않은 면만을 부각시켜 이야기한다면 스스로 그러한 불만에 구속이 되고 말 것임을 알아야 한다.

요즈음에는 입시철이 되면 우수 학생 유치를 위해 각 대학의 교직원들은 고등학교를 방문하게 된다. 고등학교를 방문해 입시에 대한 설명도 설명이지만, 고등학교에서는 합격자 발표시 소속 고등학생의 합격자 명단이라든지, 기타 다른 사항에 대해 알고 싶어서 연락처를 묻는 경우가 있다. 이럴 때 그냥 종이에 써주면 잃어버리는 경우가 있으므로 명함을 준비해서 명함에 대학의 특징 등을 기입해 주면 보관하기도 좋고 이미지도 좋을 것이다 또한 입시철에는 대학에 많은 전화를 하게 된다. 그러나 근무 시간에는 별 문제가 덜 하지만, 모든 교직원들이 퇴근하고 난 후에 문제는 발생한다. 부모와 모여 어느 대학에 진학할 것인가를 선택하는 그 시간에 궁금한 사항이 있어 해당 대학에 전화를 했을 때 자동 응답기가 돌아가고 있거나, 계속 통화 중이 걸린다면 문제가 있을 것이다.

 입시철에는 전담 전화를 여러 대 설치해 놓고 야간 시간에도 입시에 대해 철저히 공부한 교직원을 당직으로 활용해, 입시 전반에 대한 사항을 문의해 올 때 우물쭈물하지 말고 자신 있게 답변함으로써 학교에 대한 이미지로 높일 수 있으며 애교심도 키울 수 있다.

 홍보는 꼭 홍보실에서만 하는 것이 아니다. 대학의 전구성원들이 홍보 요원이 되어 입에서 입으로 전하는 구전 홍보를 위해 노력해야 한다. 그것이 그 대학에 관심을 갖게 하는 계기가 될 수 있고, 스스로 그 구성원임을 느낄 수 있기 때문이다.

4
기자를 편하게 해 줘라

오늘날 각 대학은 대학 관련 기사를 언론에 보도하기 위해 온 힘을 쏟고 있다. 교육 환경 변화가 심한 현대에 이르러서는 홍보는 이 환경 변화의 적응 능력 변화의 적응 능력 여부에 따라 조직의 우열까지 결정된다고 해도 과언이 아니게끔 되어 있는 것이 현실이다.

따라서 오늘날 대학의 홍보는 더욱 중대한 사명을 부여받게 되었다. 이에 각 대학들은 기획실을 기획 홍보실로 확대 개편하거나 홍보실을 강화하는 등 대학 나름대로 대 언론 홍보를 위해 동분서주하고 있다.

사회 조직의 하나인 대학은 그 기능이나 조직의 성격상 다른 사회 조직과는 상당히 다른 특수성을 지니고 있음에도 불구하고 대학의 기능이 사회의 다른 조직들과 유기적인 관계를 맺고 있으며, 주변 환경과의 적응 여부에 따라 그 생존과 번영이 영향을 받는다는 점에서는 다른 조직들과 크게 다를 바가 없다 하겠다.

오늘날과 같은 경쟁 사회 속에서 대학의 생존과 발전은 주어진 경쟁 환경을 얼마나 자신에게 유리한 방향으로 유도하느냐에 의해 좌우될 것이다.

예를 들어 대학 평가와 우수 학생 유치, 훌륭한 교수 요원 확보, 지역 사회에서의 좋은 이미지 형성 등에서 다른 대학보다는 우위를 점하기 위해 각 대학간의 경쟁이 불가피하다.

이와 같은 상황에서 대학 홍보는 날로 치열해져 가는 경쟁에 대처하기 위해 자신에게 유리한 환경의 조성과 유지의 수단으로 활용되고, 그 필요성이 점차 중요하게 인식되고 있다. 또한 앞으로 대학 간판만 걸면 교육 여건이나 서비스 수준에 관계 없이 학생이 충원되던 시절은 머지않아 끝날 것으로 보이며, 대학에 기자들이 상주하게 되는 날이 올 것으로 전망된다.

이러한 필요성에 의해 제도를 보완하고 여건을 조성할 때 가장 중요한 것은 간과하기 쉽다. 그것은 대학에 출입하는 기자를 편하게 해 주어야 한다는 것이다. 상식적인 이야기 같지만 기자들이 어떤 특정한 내용을 취재하기 위해 대학에 방문하거나 전화를 걸어 보도 내용을 요청하면 대학 홍보실에서는 정리도 되지 않은 연구 보고서나 책을 그대로 주는 경우가 왕왕 있다. 이것은 그렇지 않아도 시간에 쫓기는 기자에게 "보도하지 마시오" 하는 의미와 똑같은 것이다.

미국의 경제 전문지 〈포춘(Fortume)〉은 '기자 다루는 법'에 대해 다음과 같이 이야기하고 있다.

"당신에게 전화를 건 기자는 1시간 안에 기사를 완성해야 할지 모른다. 그의 전화를 받기 위해 중요한 회의를 잠시 중단하는 것은 분명 불편한 일이겠으나 언론에 의해 만신창이가 되는 것보다는 낫지 않겠는가? 기자도 사람이라는 점을 명심해야 한다. 그는 당신의 태도에 따라 당신을 판단하며, 후에 첫인상을 바꾸기란 쉽지 않은 법이다. 예의 바르게 기자를 대한다는 그들도 당신에게 호감을 갖게 될 것이다."

담당 기자라고 해서 대학에서 일어나고 있는 모든 부분에 전문가는 아니다. 보도를 위해서 주는 자료라면 기자의 입장에서 보다 편하게 보도할 수 있도록 홍보실에서는 관련 부서와 협조 체제를 구축하여 사전에 자료를 취합하고 정리하여 주어야 할 것이다. 이와 더불어 잠시라도 기자들이 기사를 정리하고 본사에 송고할 수 있는 공간이 필요하다.

대학에서 자료를 건네 받아 기사를 작성하다 보면 추가적으로 자료가 필요할 때도 있다. 본사에 가서 기사를 작성하거나 하다 보면 이러한 필요 자료를 얻기가 어렵고, 시간에 쫓길 경우에는 원하는 기사가 되지 않아 그만두는 경우도 생길 수가 있다.

대학 홍보 담당자는 최대한 기자의 입장에서 기사를 작성하기 편하도록 관련 자료를 제공하여야 한다.

또한 요즈음 각 대학의 주차 공간이 많이 확보되지 않아 취재차 대학을 방문하면 주차하기도 어렵지만, 그 보다 더 큰 문제는 주차증의 표시가 없으면 '주차 위반'이라는 스티커를 유리에 붙이는데, 출입 기자에게는 출입증을 발급해 주는 것은 어떨까 싶다.

제 7 장
의식 개혁과 대학

1
자기 분야에 전문가가 되라

　요즈음 우리 나라의 직장인들은 경제의 불황과 그로 인해 이어지는 명예 퇴직 등으로 인하여 불안한 나날을 보내고 있다. 이러한 태풍은 대학에서도 예외일 수는 없다. 이제 대학 행정은 과거의 단순한 작업만을 필요로 하던 단계에서 상당한 수준의 기술을 필요로 하는 단계로 변화되었다. 도서관 직원이나 전산실의 직원만이 아니고, 다른 행정 부서의 직원들도 전문 지식이 필요하다.

　우리는 흔히 한 가지 업무를 4~5년 이상 꾸준히 경험하게 되면 그 사람을 베테랑이라고 부른다. 오랜 동안 같은 일을 반복해서 하게 되면 업무의 흐름을 알게 되고, 어느 정도의 재량권도 주어지는 것이 사실이지만, 진정한 전문가인지 아닌지는 알지 못한다.

　전문가가 되기 위해서는 업무를 창의적으로 연구하고, 결과에 책임을 지며, 리더십을 갖춰 업무를 향상시키겠다는 의욕을 갖지 않으면 안 된다. 능력은 발휘할수록 늘게 된다. 그러므로 전문가는 연구하고 노력할수록 일의 깊이에 스스로 빠져들게 된다. 그러므로 전문가는 일을 사랑할 수밖에 없다. 단순히 돈을 벌기 위해서 일하는 사람과 그 일이 정말 좋아서 하는 사람과는 차이가 있다.

돈을 벌기 위해 일을 하는 사람은 우선 일자리를 계속 유지하지 않으면 안 되므로 어쩔 수 없이 열심히 일을 하기는 하지만 일을 통해 즐거움을 느끼지 못한다. 늘 돈 때문에 일하는 자신이 짜증스럽게 느껴질 것이다.

그렇기 때문에 그는 창조적인 일보다는 주어진 일만 하는 소극적인 사람이 되어가고, 차츰 눈치만 늘게 된다.

그러나 일을 좋아하고 창조적인 사람이라면 윗사람의 지시라 하더라도 부당하다고 생각되면 당당하게 자신의 의사를 명확히 표현할 줄 안다.

기계처럼 지시대로 움직이는 것이 아니라, 소신과 자기 철학을 가지고 일에 임하며, 자신의 일에는 끝까지 책임을 질 줄 아는 사람, 그 사람이 바로 전문가인 것이다.

대학 행정 관리의 전문화란, '대학의 행정 관리가 특별한 훈련과 경험을 쌓은 전문가 집단에 의해 합리적·효율적으로 수행되어 대학의 교육 목표가 가장 높은 수준으로 달성될 수 있도록 한다'는 개념이다. 따라서 대학 행정 관리라는 직책은 아무나 담당할 수 없는 숙련성이 필요하며, 별도의 직전 교육이나 일정 수준 이상의 경험이 필요하다. 또 직장에서도 대학 교육의 이념이나 본질에 관한 깊은 이해와 애착이 있어야 하며, 행정 관리의 합리화나 효율성 확보를 위해 부단히 연구하고 개선해 나가는 노력이 요구된다.

대학 교직원의 전문화를 위한 과제를 요약해 보면 다음과 같다.
첫째, 대학 교육에 대한 특별한 지식과 경험의 축적이다. 먼저 대학의 문제를 관장할 수 있는 상당 수준의 학력이 있어야 하고, 대학의 이념과 그 역사를 비롯해서 대학의 본질과 기능 사회적 역할과 아울러 우리 나라 전체 대학은 물론, 소속 대학의 구체적 문제에 이르기까지 남다른 광범위한 학문적 지식이나 새로운 정보를 획득하는 경험의 축적이 있어야 하며, 또 이를 위해 부단히 노력해야 한다.
둘째, 반복적 숙련성으로 일의 효율성 확보이다. 담당 분야의 일에 대한 체제적 접근이나 반복적 처리 경험을 통해 그 일에 대한 숙련성을 갖추어, 보다 능숙하고 쉽게 처리할 수 있고, 다른 사람보다 더 많은 효과와 효율을 높일 수 있는 자격과 능력을 갖추어야 한다.
셋째, 새로운 상황과 필요에 대한 신속한 대처 능력이다. 대학은 상아탑적 보수성과 함께 변화 무쌍한 정보 시장의 양면성을 가지고 있다. 매년 반복적으로 하는 학사 일정이 있는가 하면, 예기치 못한 변화와 충격이 있을 수 있는 곳이며, 수많은 교수·학생들이 늘 함께 새로운 요구나 도전에 봉착하게 된다. 이럴 때마다 기민하게 대응하며 성과에 차질이 없도록 하는 능력 또한 전문성의 발로이다.
넷째, 직종과 소속 기관에 대한 애착과 자부심, 그리고 대학간의 유대 의식이다. 모든 직업은 어느 직종에 속하면서 동시에 어느 직장에 속하게 된다. 미국에서는 직업인이 직종에 대한 소속 의식이 더 강하고, 일본이나 서독에서는 직장에 대한 충성심이 더 강하다 한다. 또한 전문직일수록 같은 직종 종사자들끼리 유대나 협력이 강하다고 한다.

다섯째, 담당 업무에 대한 자기 평가를 통한 개발 의지와 능력이다. 전문직이라는 호칭은 아무에게나 주어지는 것이 아니다. 대학 행정직은 고도의 전문직이다. 각자가 해당하는 업무에 대한 부단한 평가와 자기 성찰을 통해 보다 합리적으로 개선해 가는 의욕과 능력을 함양함으로써 평생 동안 전문인으로서 생활할 수 있다.

여섯째, 자기 직업에 대한 긍지로 권한보다 서비스를 위한 봉사 체제의 확립이다. 교육적 권위로 권한이 강조되던 전통 대학과는 달리, 현대 사회는 모든 기관 및 단체의 지원적 봉사 체제가 강조되고 있다. 대학의 기능도 교육 서비스에 다름 아니며, 학생 소비자 시대의 대학 행정 관리는 교수·학생 및 학부모나 사회에 대한 친절하고 겸손한 대인 관계와 전문성을 바탕으로 한 수준 높은 봉사 체제를 대학 내에 정착시키는 일에 전념해야 한다.

일곱째, 정책적인 양성 및 훈련을 통한 전문성 개발이다. 대학의 정규 과정을 통해 공정한 배치와 교류, 그리고 계속적인 현직 연수를 통한 전문성이 개발되어야 한다.

2
위기 의식을 가져라

오늘날 한국의 대학은 교육 개방을 비롯해 2003년경 학생 수의 감소 및 대학 평가 등 어려운 직면에 놓여 있다. 거듭 강조하지만 이제 대학은 과거와 같이 가만히 앉아서 학생들이 오리라는 기대를 하면 안 된다. 근시안적인 입시 경쟁과 일류 자만 성향, 그리고 특정 대학 모방 성향과 전공이기주의 성향 등에서 벗어나, 모든 구성원이 이러한 위기를 원활히 넘기기 위해서는 무엇보다도 위기 의식을 가지고 모든 일에 임해야 한다.

첫째, 교육 개방 부문이다.

오늘날 우리 사회적 환경 변화는 국제 경쟁력 강화, 즉 개방 시대·지구촌 시대의 실력 제고로 되어가고 있으며, UR 협상의 결과 교육 부문의 개방이 1996년부터 부분실시되어 2000년까지는 완전 개방하지 않으면 안 될 처지에 놓여 있으며, 각 대학은 이러한 UR의 파고에 대비하기 위해 여러 가지 대책 수립에 부심하고 있을 뿐만 아니라 발전 방안을 강구하고 있다.

둘째, 학생 수의 변화이다.

대학 지원자 수의 변화는 기본적으로 중·고 재학생 수의 변화와 흐름을 같이한다. 현재 입시를 치른 고교 3학년 재학생 수는 60여만 명이다. 이 수는 현재 중학교 3학년생까지 계속 늘어났다.

2000학년도 대학 입시를 치러야 하는 학생은 83만 7천3백28명으로 학생 수에서 정점을 이룬다. 그러나 이 이후부터는 학생 수가 줄어든다.

대학 지원자 수는 일반 대학과 교육대·개방대·전문대 지원자 등을 모두 합칠 때 늘 고교 3학년생 수보다 많았으나, 2003년도에 가서 이 현상이 역전된다.

이러한 현상에 대해 학생들의 선호도가 높은 이른바 명문 대학들은 학생 유치에는 걱정하지 않아도 될지 모른다. 그러나 이들 대학도 우수한 학생을 유치하기 위해 교육의 질을 높이고 학생 복지 정책을 계속 확대해 나아가야 할 것이다. 그러나 전통적으로 학생들의 선호도가 상대적으로 처지는 대학들은 살아남기 위한 노력에 전념할 것이다.

대학에 따라서는 정원을 축소하는 대학도 생길 것이고, 인접 대학과 병합 운영하는 사례도 생길 것으로 전망된다. 특히 지금까지는 대학이 고교를 막 졸업한 학생들이 진학하는 교육 기관으로만 역할을 했으나, 앞으로는 직장인들을 대상으로 하는 평생 교육 기관으로 성격이 확대될 것으로 보인다. 요컨대 대학들이 정원을 채우기 위해 그러한 프로그램을 많이 개발하지 않으면 안 되는 현실에 직면해 있다.

셋째, 대학의 평가이다

대교협의 대학 종합 평가 인정제와 의학계열 평가, 교육부의 교육 개혁 추진 우수 대학 평가 및 국제 인력 양성 대학 선정을 했고, 교육 개혁 박람회와 중앙일보사의 자체 대학 평가, 동아일보사의 대학 정보화 평가 등 최근 한 해 동안 대학을 대상으로 실시되었던 평가의 내용이다.

대학은 이러한 평가를 통해 새로운 등위가 메겨지는데, 사회에서 대학을 바라보는 이미지가 달라지기 때문에 어떠한 수단을 써서라도 평가를 잘 받기 위해 최선의 노력을 다 할 것이다.

일부에선 선정 결과를 놓고 잡음이 생기기도 했지만 대세이니만큼 어쩔 수 없이 이내 곧 잠잠해졌다. 이러한 평가로 인해 대학의 변화는 더욱 가속화될 것이다. 왜냐 하면 평가는 경쟁을 낳고, 경쟁은 곧 질적 향상으로 이어지기 때문이다.

이제 대학이 변해야 한다. 여기에 평가는 필수적이다. 지금까지의 무사안일·졸속·적당주의 행정 등은 이제 사라져야 한다. 이렇듯 대학은 개혁과 개방의 회오리 속에 처해 있다. 이러한 회오리 속에 있는 구성원들도 위기 의식을 갖지 않으면 곤란하다.

로마가 망할 당시 로마의 지도자들은 전혀 위기 의식을 느끼지 않았다고 한다. 로마는 영원히 지속될 것이라는 잘못된 확신 속에 향락 생활을 계속하다가 게르만족에게 멸망당했던 것을 우리는 잘 안다. 바꾸어 말하면 위기 의식을 가진 지도층이 있을 때, 위기를 극복할 수 있는 길이 발견될 것이다. 이런 의미에서 보면 위기 의식을 갖는다는 것은 생산성과 창조성이 내포된 것으로 볼 수 있다. 그러나 조직이 어려움에 직면했는데도 구성원들이 위기 의식을 가지지 않았을 때 문제가 있는 것이다. 위기는 원래 '위험과 기회'의 합성어이다. 위험이란 위태하고 안전하지 못한 어려운 상황을 말한다. 위험한 처지에 직면할 때 사람은 긴장하여 자기가 지닌 모든 힘을 다 해서 그것을 극복하기 위한 노력을 하게 되며, 이렇게 '도전에 대한 응전'을 할 때 새로운 기회가 주어질 수 있으며, 조직은 새로운 활력을 찾을 수 있다. 지금부터라도 위기 의식을 느끼면서 자리에 앉아보자.

3
유연성을 길러라

    21세기를 눈앞에 두고 있는 오늘날 빠르게 변해 가는 환경 변화에 대처하기 위해서는 어느 조직을 막론하고 그 조직의 구성원들이 유연성을 길러야 한다.
    대학 조직도 마찬가지이다. 대학 행정을 살펴보면 관료제에서 나타나는 병리 현상을 볼 수 있는데, 이러한 제도적인 병리 현상은 의식 전환을 하지 않으면 치유되지 않는다. 자기가 소속해 있는 과 또는 부서가 최고이며, 다른 부서에서 하는 일은 중요하지 않고, 내가 소속되어 있는 과에서 하는 일이 최고 힘들고 다른 과 또는 부서는 놀고 있다는 의식은 바꾸어야 한다. 또한 내가 아니면 안 된다는 식의 사고는 변화되어야 한다. 교육 개방 등의 교육 환경을 살펴볼 때 우리 나라 대학들이 추진하고 있는 교육 개혁이 어떤 결과를 가져올지 예측하기 어려운 럭비 볼과 같을 수도 있다.
    대학 전체의 목표를 위해 더불어 살아가야 하며, '교육 개혁을 위해 모든 대학 구성원이 중요한 인적 자원이다'라는 의식을 가져야 한다.

우리가 잘 알고 있는 어떤 회사에서는 유연성을 키우기 위해 근무 제도까지 플렉시블 근무제를 도입해 과거에는 생각지도 못했던 파격적인 성과를 올리고 있다 한다.

예를 들면 하루 8시간 근무 중 오전 10시부터 오후 4시까지(점심 시간 1시간 제외) 5시간을 필수 근무 시간대로 정하고, 나머지 3시간은 오전 7시에서 10시, 오후 4시에서 7시 사이에 직원들이 선택하도록 하여, 일찍 나오는 사람은 일찍 근무하고 늦게 나오는 사람은 늦게 퇴근할 수 있어 생산성 향상과 새로운 시간 문화를 창출해 자기 계발을 할 수 있는 등 좋은 성과를 거두고 있다고 한다.

30분 일 더 하기 운동과 공휴일 축소 등 노동 시간의 양을 중시하는 방식에서 벗어나 효율성을 극대화시킬 수 있으면서 자기 계발이 가능한 새로운 근무 방식을 도입하는 것 역시 무한 경쟁 시대에 대응하는 새로운 전략이라 할 수 있다.

물론 교육 기관인 대학의 행정에 있어서는 제도적으로 이렇게 하기에는 어려움이 있을 수 있다. 그러나 대학 행정도 이제는 경영 마인드를 도입하고 의식을 전환해야 할 때가 오고 있음에 이에 대비해야 할 것이다.

또한 내가 아니면 안 된다는 일벌레 중독증을 버려야 한다. 일벌레 중독증이란 사람이 마약에 중독되듯이 일에 중독되는 상태를 말하는 것으로, 이런 상태에 도달하게 되면 업무 시간과 자유 시간을 구분하는 능력이 사라지게 되고, 자유 시간을 업무 시간으로 전환시키지 못하게 되면 불안감을 느끼게 된다. 특히 일벌레 중독증에 빠진 사람들은 시간을 효율적으로 사용하지 못하며, 일하는 시간은 늘어나도 업무 성과는 별로 향상되지 않는다는 것이다.

결국 교육 개방·대학 평가 등에서 대비하기 위해서는 경직된 사고 방식보다는 두뇌와 정보 기술을 이용해 급속히 변화되는 환경에 유연성을 가지고 대처해야 된다.

4
섬김의 자세를 가져라

대학은 교육과 연구 및 사회 봉사를 담당하는 기관으로서, 그 기능을 원활하게 수행하기 위해서는 이를 지원하는 대학 행정 체제가 효율적으로 조직·운영되어야 한다. 특히 교육 시장의 개방과 더불어 대학간 무한 경쟁 시대로 돌입하게 됨에 따라 대학의 지속적 발전과 성장을 위해 급격한 교육 환경 변화에 능동적으로 대처할 수 있는 효율적 행정 체제와 신속하고 정확한 업무 처리 및 행정 서비스의 질적 향상이 그 어느 때보다 중요하게 되었다.

또한 대학 행정은 이와 같은 대학이 의도하는 목적을 달성할 수 있게 하기 위해 그 운영에 관한 계획을 수립하고 조정·집행하며, 필요한 인적·물적 자원을 조달 및 관리하는 과정과 그 절차를 의미한다. 그러므로 대학 행정 관리 조직은 대학의 교육·연구·사회 봉사라는 사회적 기능을 원활하게 수행하기 위해 대학의 목표를 합리적으로 설정한 뒤, 그 목표 달성에 필요한 인적·물적 자원을 적절히 확보·배분하고, 그 조직을 능률적으로 운영함으로써 효과적으로 교육 목표를 달성시키는 것이다.

우리 나라 대학의 교육 풍토는 오랜 유교적 전통이나 일제 지배, 그리고 30여 년 동안의 군사적 영향으로 말미암아 권위주의와 학생 경시 풍토가 자리잡고 있다. 더욱이 대학 지원자의 수급에 있어서 지원자의 쇄도로 학생 모집을 크게 걱정하지 않는 상황 속에서 대학에서의 학생을 위한 서비스나 복지 및 편의 시설 등에 관한 배려가 크게 미치지 못하고 있다.

교육이 이제는 기성 세대가 마련한 틀 속에 맞춘 훈련이기보다는 학생 개개인의 개성과 특성을 존중하고 학생들이 선택하여 받을 수 있는 서비스의 개념으로 바꾸어질 것으로 전망된다. 따라서 이제 대학은 소비자이며, 고객인 학생들의 희구나 욕구를 존중하는 제도와 운영 풍토를 조성해 갈 수 있도록 하여야 한다.

대학은 수많은 점으로 채워진 한 폭의 그림이다. 학생·교수·행정 직원, 기타 대학의 모든 구성원들의 활동으로써 대학이라는 전체 그림이 채워진 것이다.

행정 직원들과 가장 긴밀하면서도 자주 접하게 되는 주된 구성원은 교수와 학생이다. 행정 직원들은 이들이 공부하고 연구하는 데 불편함이 없도록 최선을 다 해 지원해야 한다. 원칙을 무시하거나, 권위적인 태도를 취하며, 막무가내로 우기는 구성원도 있을 것이다. 그럴 때 한 발만 물러 서보자 그리고 그들이 감동할 수 있도록 섬긴다는 자세로 최선을 다 해 응대해 주고, 왜 문제가 되는가를 잘 설명해 보자. 그러면 이해할 수 있을 것이다.

결국 21세기의 대학 행정은 서비스 정신에 입각한 섬김의 자세를 필요로 할 것이다.

5
자기 계발에 게을리 말라

대학 직원들의 근무 여건 중 가장 큰 장점을 꼽으라면 대부분의 사람들은 여유 시간이 많다는 것이다. 대학 행정 흐름을 보면 지금까지는 정해진 일과 시간 이외에는 거의 잔업이 없고 여름 방학과 겨울 방학 등 많은 시간적 여유가 있었던 것은 사실이다.

그러나 이러한 여유 시간을 자기 계발이나 취미 활동에 잘 보내면 좋지만, 그렇지 않은 경우에는 오히려 무미 건조할 수가 있다. 사람들은 누구나가 미래에 대한 희망이나 기대감 등을 가지고 있다. 자기 개인의 일에서부터 가족의 일, 직장의 일, 국가의 일에 이르기까지 여러 가지 형태의 희망을 가지고 산다. 이러한 희망들이 현재 우리들의 삶에 박차를 가하고 열심히 일하게 하는 원동력이 된다.

대학 직원들도 마찬가지로 각기 나름대로의 희망을 가지고 있을 것이다. 나름대로의 포부를 펼쳐보는 것이나, 높은 임금 및 승진,

자아 실현의 기회 등 수없이 많다. 이러한 희망을 가지고 있으므로 현재의 자기 삶에 충실하려고 노력하고, 그러한 노력들이 모여서 점차 발전해 갈 수 있는 것이다.

앞으로 대학은 교육 개방과 교육 개혁 등 지금까지의 행정 조직에서 많은 변화를 가져올 것이 자명하다. 이러한 개혁의 회오리 속에서 능동적으로 대처하여 개인과 조직이 생존하기 위해서는 자기 계발에 게을리 해서는 안 된다는 것이다.

자기 계발이란, 자기의 책임하에 자기의 이해와 평가에 의해서 성장과 향상의 의욕을 갖고, 자주적으로 이에 대한 노력을 하는 것을 말한다. 다시 말하면 문제를 해결함에 있어서 자기 성장의 과정이라고도 할 수 있다. 궁극적으로는 개별적인 자기의 이상을 실현시키는 인간성의 완성이라고 볼 수 있다.

자기 계발의 과정은 크게 4단계로 나눈다. 그 첫째는 목표의 설정이며, 둘째는 문제를 해결하고자 하는 의욕의 신장, 셋째는 부족한 실력의 개발이고, 넷째는 문제의 해결이다. 그 중에서 첫번째 단계인 목표 설정이 제일 중요하다. '어떤 목표를 설정할 것인가?' '나는 무엇이 부족한가?'에 대해 스스로 자문해 보면 해답은 나올 것이다. 특히 자기 계발에 필요한 내용으로는 기본적인 업무 능력이 있어야 할 것이다. 단적인 예로 요즈음 각 대학에서는 국외 연수를 강화하고 있어 보통 동계·하계로 나누어 학생들을 미국·일본·중국 등으로 어학 연수생을 파견하고 있는데, 이러한 업무를 맡게 되었을 때 외국어에 대한 준비가 되어 있지 않다면 업무를 수행하기가 어려울 것이다.

이럴 땐 한번 목표를 세워 일과 후의 시간을 이용해 학원을 다니는 등 하여 업무에서 나타나는 문제점을 해결해 보라. 처음 일을 맡았을 때에는 어려움이 많았겠지만, 이젠 훨씬 자신감이 생기고, 모든 일을 하는 것이 신나게 될 것이다. 이렇듯 자신의 부족한 점을 하나씩 채워나가다 보면 어느 새 자신이 엄청난 발전을 이룩한 것을 느끼게 될 것이다.

 자기 계발은 본인 스스로가 필요성을 느끼고 적극적으로 노력을 하여야 하겠지만, 대학의 제도적·경제적 도움이 필요하다.

 조직 내에 자기 계발을 위한 분위기가 형성되도록 유도하여야 하며, 창조적인 아이디어를 수용하여야 한다. 경제적인 지원도 아끼지 말아야 한다. 이렇게 될 때 강하게 불어오는 교육 환경 변화에 능동적으로 대처할 수 있으며, 구성원 개개인은 직장에서 인정받는 귀중한 인재가 될 것이며, 그리고 내적 경쟁력이 외적 환경을 헤쳐 나가는 데 큰 힘이 될 것이다.

6
원가 개념을 가져라

우리는 아침에 출근하면 사무실의 전원을 올린다. 그리고 퇴근할 때까지 꼭 전기가 필요하지 않음에도 불구하고 관습처럼 그대로 켜 논 상태에서 근무를 한다.

전기뿐만 아니다. 모든 면에서 조금만 더 깊이 생각하면 얼마든지 비용을 줄일 수 있다. 그렇다면 출근하여 퇴근할 때까지 비용을 계산해 보자. 사적인 전화 사용, 이면지 활용 문제, 개인 용무 시간 문제, 잡담 시간 등 잘못된 습관이 이제는 당연한 것처럼 전도되어 버린 것이 얼마나 많은가? 참으로 불필요한 비용을 많이 낭비하고 있는 셈이다.

일반적으로 기업의 변신 전략에는 장기적 관점에서 조직 변신이나 기술 혁신에 의한 변신 등이 있으며, 중·단기적 관점에서 경영 여건의 변화에 대응하고, 기업이 존속·성장하기 위한 변신 전략으로 생산성 재고를 통한 원가 리더십의 확보 전략이 있다. 원가 리더십이란 경영의 초점을 원가에 두어 타기업보다 우월한 원가를 확보함으로써 어느 산업 내에서 선도적인 위치를 점하고 유지하는 것이다.

　원가 리더십의 예의 대표적인 기업은 미국의 유명 자동차 메이커 중의 하나인 크라이슬러 사이다. 이 회사는 일본의 거센 도전을 뿌리치기 위해 기존 모델 자동차의 다양한 선택 사양을 대폭적으로 제거하여 제품의 표준화와 단순화를 실시하였다. 이러한 결과 원가 구조면에서 획기적인 차이를 가져와 일본의 최신형 자동차에 비해 10여 년 전에 설계된 구식 모델이었음에도 불구하고 변신 이전보다 114%의 매출액 증가를 기록, 미국 시장에서 최다 판매 자동차 중의 하나로 자리매김하고 있다.

　물론 대학은 공장처럼 제품을 생산해서 파는 곳이 아니기 때문에 이러한 비용 개념은 경쟁적인 면에서 중요시되지 않을 수 있다. 그러나 티끌 모아 태산이라는 말이 있듯이 작은 것이라도 꾸준히 모은다면 큰 경제적인 이익이 될 수 있다. 불필요한 것은 절약하는 합리적 사고 방식 속에서 근검 절약하는 생활을 습관화하여야 한다. 그러나 이러한 근검 절약의 습관은 보여주기식, 또는 어쩔 수 없어서 하는 것이 되어서는 곤란하다.

　한때 각 대학에 이면지 재활용 바람이 분 적이 있었다. 모든 교내 공문에 대해서는 이면지를 활용하게 했다. 그랬더니 이면지가 없는 부서에서는 새로운 복사 용지에다 이면지 재활용 도장을 찍어 사용하는가 하면, 이면지로 활용하면 안 될 문서에도 이면지 재활용 도장을 찍어 사용했던 일이 있다. 이것은 진정으로 이면지를 활용해 비용을 감소시키고, 종이 한 장 생산되지 않는 우리 나라에서 펄프 수입을 감소시켜 보겠다는 의지가 아니라, 그저 마지못해 하는 행위인 것이다.

위에서 말한 전화 사용만 보더라도 놀라지 않을 수 없다. 쉽게 사용할 수 있기 때문에 비용 개념이 전혀 없이 사용한다. 누군가가 통제하기 이전에 스스로 경영자라는 의식을 가지고 매사에 절약하는 정신을 가져야 한다.

현대는 저성장 고에너지 시대로 불리어지고 있다. 합리화 정신을 가지고 일을 대하는 자세가 무엇보다 중요하다.

● 참고 문헌

김환기, 《지역 개발과 환경 보존》, 서울 : 을유문화사, 1997
구자건, 《환경 상식 백 가지》, 서울 : 현암사, 1995
공선표, 《터미네이터 경영》, 서울 : 삼성경제연구소, 1997
강준만, 《다시 문제는 언론 플레이다》, 서울 : 개마고원, 1997
강준만, 《언론 플레이》, 서울 : 풀빛, 1996
김희강 외 2인, 《환경을 지키는 60가지 방법》, 서울 : 신원문화사, 1995
김번웅 외 1인, 《환경 행정론》, 서울 : 대영문화사, 1997
유영옥, 《환경 행정학》, 서울 : 학문사, 1997
문태훈, 《환경 정책론》, 서울 : 형설, 1997
강성철 외 2인, 《환경 행정의 이론과 실제》, 서울 : 대왕사, 1995
부산발전연구소, 《생활 쓰레기의 효과적인 활용 방안》, 1998
이정숙, 《준비된 말이 성공을 부른다》, 서울 : (주)가야미디어, 1998
삼성경제연구소, 《정부 개혁의 5가지 전략》, 1998
윤은기, 《골드 컬러 성공 전략》, 서울 : 신원, 1998
이명환, 《신바람 기업 문화》, 서울 : 21세기 북스, 1997
매일경제신문사, 《지식 혁명 보고서》, 1998
강내희 외 다수, 《지식 생산, 학문 전략, 대학 개혁》, 서울 : 문화

과학사, 1998

강형기, 《관의 논리, 민의 논리》, 서울 : 비봉출판사, 1998

이돈희 외, 《교육이 변해야 미래가 보인다》, 서울 : 현대문학, 1998

김정길, 《공무원은 상전이 아니다》, 서울 : 베스트셀러, 1998

이재규 외 1인, 《미래의 조직》, 서울 : 한국경제신문사, 1998

정연아, 《성공하는 사람에겐 표정이 있다》, 서울 : 명진, 1997

윤은기, 《신경영 마인드 365(上, 下)》, 서울 : 무한, 1996

권대봉, 《글로벌 인재의 조건》, 서울 : 박영사, 1998

강형기, 《혁신과 진단》, 서울 : 지방 경영, 1998

박천오 외 1인, 《한국 관료제의 이해》, 서울 : 법문사, 1996

조광섭, 《대학과 교수 사회 이대로는 안 된다》, 서울 : 도서출판 한샘, 1994

허운나 외 1인, 《정보 시대와 미국의 교육 혁명》, 서울 : 교육과학사, 1998

이현청, 《21세기를 대비한 대학의 생존 전략》, 서울 : 한양대학교 출판부, 1996

송자, 《21세기 대학 경영》, 서울 : 중앙일보사, 1996

최기준, 《대학, 이제는 경영해야 산다》, 서울 : 월간 에세이 출판부, 1995

김호진 외, 《대학의 이상과 미래》, 서울 : 역민사, 1998

이현청, 《학생 소비자 시대의 대학, 개방 시대의 대학》, 서울 : 한양대학교 출판원, 1996

표시열, 《민주주의의 정착과 대학의 개혁》, 서울 : 고려대학교 출

판부, 1996

이면우, 《신창조론》, 서울: 한국경제신문사, 1998

권기욱, 《대학의 경영 관리》, 서울: 원미사, 1996

이형행역, 《대학, 갈등과 선택》 서울: 삼성경제연구소, 1996

김원웅, 《교육 백서, 서울: 사회정책연구소》, 1995

김남두 외 1인, 《대학 개혁의 과제와 방향》, 서울: 민음사, 1996

김문경·원종하, 《벤처 창업, 알고 합시다》, 서울: 도서출판 기한재, 1998

원종하, 《유학·연수 이렇게 준비하라》, 김해: 인제대학교 출판부, 1997

원종하, 《대학행정직원의 인사고과제도의 운영에 관한 연구》, 부산대학교 행정대학원, 1997

원종하·이춘희, 《21세기 중소 기업 정책의 방향과 과제》, 중소기업진흥공단 중소기업 연구논집 제6집, 1998

인간의 마음을 탐구하는 총서
선영심리학선서

1 프로이트심리학 해설

마음의 행로를 찾아나서는 이들을 위하여, 인간과 그 심리 세계를 탐구하려는 이들을 위하여 인간심리의 틀을 밝혀 주는 프로이트심리학의 해설서.

인간이 인간답게 살아갈 수 있도록, 심리학에 입문할 수 있도록 인도하는 최고의 해설서.

INTERPRETING FREUD PSYCHOLOGY
S. 프로이트 / C.S. 홀

2 융 심리학 해설

인간의식의 뿌리를 찾아서 아득한 무의식의 세계까지 탐색하고, 그 심대한 체계를 세운 융 사상의 깊이와 요체를 밝혀 주는 해설서. 무의식의 세계까지 헤아리는 융 심리학의 인간생활에서의 실제와 응용을 설명해 주는 정신세계에 대한 최고의 입문 참고서.

INTERPRETING JUNG PSYCHOLOGY
C.S. 홀 / J. 야코비

3 무의식분석

프로이트의「정신분석 입문」과 쌍벽을 이루며, 또 그것을 능가하는 폭과 깊이를 담고 있는 융의 '무의식의 심리'에 관한 최고의 해설서.

인간의 정신세계의 연구에 있어서 끝없는 시야를 제시하는 그리고 미지의 무의식 세계를 개발하려는 융심리학의 핵심 해설서.

ANALYSIS OF UNCONSCIOUSNESS
C.G. 융

4 프로이트심리학 비판

인간의 정신세계의 틀을 제시하는 프로이트 사상의 근거와 사회적 영향을 검토하고 검증하려는 비판서.

이 책을 통하여 우리는 프로이트심리학의 출발과 실제와 한계를 생각할 수 있다. 우리가 프로이트심리학에 무엇을 기대하며 무엇을 문제시해야 할 것인가를 말해주는 해설서.

CRITICISM FREUD PSYCHOLOGY
H. 마르쿠제 / E. 프롬

5 아들러심리학 해설

프로이트 본능심리학 및 융의 분석심리학과 함께 꼭 주지되어야 하는 것이 아들러의 개인심리학이라고 할 때 그 개인심리학이 논구하여 설명하려는 개개인의 의식세계를 또다른 시각으로 설파해 주는 해설서.

개인 의식세계에 대한 간결하고도 이해하기 쉬운 참고서.

WHAT LIFE SHOULD MEAN TO YOU
A. 아들러 / H. 오글러

6 정신분석과 유물론

인간의 정신을 의식·무의식의 메카니즘으로 파악하는 프로이트사상과 철저한 일원론적 자세로 설명하는 마르크스 사상이 어떻게 영합하며, 어떻게 상반되며, 그리고 무엇을 문제로 빚는가를 사회사상사적 입장에서 논한, 우리시대 최대의 관심사에 관한 해설서.

PSYCHOANALYSIS AND MATERIALISM
E. 프롬 / R. 오스본

7 인간의 마음 무엇이문제인가?(I)

현대 정신의학의 거장 K. 메닝거 박사가 이야기형식으로 밝혀주는 인간심리의 미로, 그 행로의 이상(異常)과 극복의 메시지. 소외와 불안과 갈등과 알력과 스트레스 속에서 온갖 마음의 문제를 안고 사는 모든 이들의 자아발견과 자기확인과 정신건강을 위한 일상의 지침서.

THE HUMAN MIND (I)
K. 메닝거

8 인간의 마음 무엇이문제인가?(II)

제1권에 이어 관능편·실용편·철학편 등이 실려 있는 K.메닝거박사의 정신의학 명저.

필연적으로 약점과 결점을 지닐 수 밖에 없는 인간의 마음에서 빚어지는 갖가지 정신적 문제들에 대처할 수 있는 메닝거(式) 퇴치법이 수록되어 있다.

THE HUMAN MIND (II)
K. 메닝거

9 정신분석 입문

노이로제 이론에 있어서 새로운 영역을 개척함과 아울러 거기서 획득할 수 있는 놀라운 입장과 견해를 프로이트는 스물 여덟 번의 강의에서 총망라해 다루고 있다. 인간의 외부생활과 내부생활의 부조화로 인해 빚어지는 갖가지 문제점들을 경이롭게 파헤친 정신분석의 정통 입문서.

VORLESUNGEN ZUR EINFÜHRUNG IN DIE PSYCHOANALYSE
S. 프로이트

10 꿈의 해석

꿈이란 어떤 형태의 것이든 욕구충족의 수단이며, 꿈을 꾸는 사람은 그 자신이면서도 현실의 자기 자신과는 완전히 단절되어 있다는 꿈의 '비논리적' 성질을 예리하게 갈파해 주는 꿈 해석 이론의 핵심 이론서.

DIE TRAUMDEUTUNG
S. 프로이트

********** 자신있게 권합니다! *********

◇ 선영사가 가장 자랑하는 양서 **선영심리학선서** 는 기초심리학의 정수만을 엄선해서 편역한 알기쉬운 심리학서로서, 독자 여러분의 지적 만족과 정신문제 해결에 도움이 될 것입니다.

카네기 인생론

- 삶에 대한 모든 물음은 우리 스스로 체득할 수밖에 없을 것이다.
- 삶에 대한 어떤 설명도 우리 자신의 삶에 지침이 되기에는 어렵기 때문이다.
- 이 책은 막연한 설명이 아니라 구체적인 제시를 한다.
- 우리가 어디에서나 부딪히는 삶의 현장에서 함께 이야기하고자 하기 때문이다.

카네기 자서전

- 노동자들은 온정에 보답하려는 깨끗한 마음을 갖고 있다. 적어도 진실로써 다른 사람을 대하고 어떤 문제가 발생했을 때 성의를 다해서 전력한다면 그들이 사용자에게 어떻게 대할 것인가 하는 염려 같은 것은 전혀 할 필요가 없다. 그러므로 덕은 외롭지 않다. 덕을 베풀면 반드시 그에 대한 결과가 있기 때문이다. 그리고 사업에 성공할 수 있는 가장 큰 원인은 완전한 계산을 통하여 금전과 자재 등의 책임을 충분히 인식시키는데 있다.

카네기 출세론

- 이 세상을 살면서 주어진 삶에 충실하다는 것은 모든 이들의 소망이다.
- 그리고 가능한 모든 일을 이루어 낸다는 것은 유능한 사람들의 의무이다.
- 이 책은 유능한 사람들이 나아가야 할 바를 참으로 절실하게 제시해 주고 있다.
- 또 유능해지고자 하는 모든 이들의 삶을 위하여 봉사하고자 하고 있다.

신념의 마력

- 인간은 마음 먹기에 따라서 세상의 모습을 바꾸어 놓을 수 있다.
- 인간이 지닌 많은 힘 가운데 가장 큰 힘이 마음의 힘인 것이다.
- 신념은 일상생활을 통하여 우리의 이상을 그려낼 수 있는 강한 추진력이다.
- 이 추진력을 바탕으로 우리는 우리의 생활을 삶을 뜻대로 이루어 갈 수 있는 것이다.

카네기 지도론

- 참다운 지도는 함께 나아가는 것이다. 무엇을 제시하거나 지시하기 전에 피지도자가 무엇을 하고자 하는가, 무엇을 할 수 있는가를 알아보고 그것을 이끌어주고, 또 그것이 이루어지도록 함께 노력하는 것이다.
- 이 책은 무엇이 참다운 지도인가를, 즉 어떻게 함께 나아갈 것인가를 그려내 보여주고 있다.

정상에서 만납시다

- 미국의 유명한 저술가이며 자기개발 성공학의 권위자인 지그 지글라가 진정한 성공에 다다를 수 있는 가장 빠른 방법을 제시하고 있다.
- 29년에 걸친 판매 경험과 인간개발 경험을 살려 각계 각층에서 활약하고 있는 최고 전문가들의 성공철학을 파악, 여섯 단계로 그 비결을 밝혔다.

카네기 대화술

- 올바른 언어의 선택은 의사소통을 보다 원활하게 한다. 훌륭한 대화는 인간행위의 가장 승화된 형태라고 할 것이다.
- 이 책은 청중을 향하여 효과적으로 이야기하는 방법이 제시되어 있으며, 화술 훈련에 임하면서 경험한 실례를 중심으로 쓰여졌다.
- 현재를 출발점으로 당신은 효과적인 화술 방법을 통해 자신의 무한한 능력을 깨닫게 될 것이다.

머피의 마음만 먹으면 당신도 부자가 된다

- 당신이 만약 풍족하지 않다면 행복하고 만족한 생활을 결코 영위할 수 없을 것이다. 여기에 풍족한 삶을 누리기 위한 과학적인 방법이 있다. 당신이 성공과 행복과 번영이라는 달콤한 과일을 얻고 싶다면, 이 책에서 이야기하는 것을 정확하게 되풀이해 배우라. 그러면 당신의 앞날은 보다 아름답고, 보다 행복하고, 보다 풍족하고, 보다 고귀하고, 보다 웅장하고 큰 규모로 펼쳐질 것이다.

카네기 처세론

- 최고의 처세라는 것은 우선 최선의 목표를 정하고 그 성취에 이르는 길을 갈고 닦는 것이다. 거기에다 자기를 세우고, 삶을 키워내고, 세상을 이끌어 갈 수 있는 힘을 닦는 것이다.
- 이 책은 거기에 있는 불후불굴의 조언을 새겨주고 있다.

머피의 잠자면서 성공한다

- 머피의 이론을 바탕으로 하면 자기가 바라는 바 지위나 돈을 어떻게 얻을 것인가, 또는 우호적인 인간관계를 어떻게 실현할 것인가를 터득할 수 있다. 따라서 이 책에 명시된 대로 따르기만 하면 당신은 인생 전반에 걸쳐 기적적인 효과를 얻을 수 있다.

머피의 인생을 마음대로 바꾼다

이 책 속에는 당신의 인생을 변하게 하는 마법과도 같은 방법이 제시되어 있다. 다시 말해 기적이라고 할 만한 이야기들이 가득 차 있다. 당신의 마음속에 내재되어 있는 마법과도 같은 잠재의식을 어떻게 사용해야만 당신이 인생에서 성공할 수 있는지. 흥미진진한 실례들을 통해 상세하게 알려주고 있다.

오사카 상인의 지독한 돈벌기 76가지 방법

오사카 상인의 13대 후손이며 미쓰비시 은행의 상무를 역임한 저자가 오늘날 일본 경제를 일군 오사카 상인들의 정신을 분석 수록했다. 무일푼으로 출발하여 그들만의 돈벌이 노하우와 끈질긴 생존능력, 아이디어를 바탕으로 세계적으로 유명한 유태상인과 어깨를 겨룰만큼 성장한 오사카 상인들의 경영비법을 바탕으로 부와 성공을 이룰 수 있는 방법이 자세히 제시되어 있다.

머피의 승리의 길은 열린다

당신은 이 책에서, '인생은 마음먹기에 따라 달라진다'는 평범한 진리가 당신의 인생에 있어서 얼마나 중요한가를 실감하게 될 것이다. 이 책에 제시된 인생의 법칙을 읽고 그것을 당신의 인생에 응용하면, 당신은 당신의 인생을 건강하고 즐겁게, 그리고 유익하고 성공적으로 가꿀 수 있는 힘을 얻게 될 것이다.

중국 상인의 성공하는 기질 74가지

미국, 일본의 뒤를 이어 세계 3대 경제대국으로 뛰어오른 중국의 숨은 잠재력, 서서히 일본의 경제를 위협하는 존재로까지 급부상한 그들에게 끈질긴 생명력과 강력한 경제력을 지닌 화교 사회는 중국 대륙의 비밀 병기였다.
그들이 성공하기까지 철저히 지켜지는 상인 정신의 기본 자세를 배워 현재의 어려움을 극복하는 지혜를 배운다.

머피의 인생에 기적을 일으킨다

마음의 힘에 관해서는 많은 책 속에 여러 가지로 쓰여 있으나, 이 책에서는 당신의 모든 생활을 변환하기 위하여 이 힘을 어떻게 이용할 것인가, 건설적이며 성공할 수 있는 사고방식, 그리고 자신의 생활을 보다 풍족히 할 수 있는 방법 등을 기록했다.

유태상인의 지독한 돈벌기 74가지 방법

유태인들은 화교와 함께 세계 제일의 상인으로 손꼽히고 있다.
그것은 2천 년 동안 국가도 없이 흩어져 살면서 수없이 쏟아지는 박해와 압박을 견디며 일군 끈질긴 민족성의 승리였다. 그들은 열악한 환경 속에서도 자신들만의 독특한 상술을 발휘하여 오늘날 세계 경제를 좌지우지하는 지위에까지 오르게 된 것이다.

머피의 100가지 성공법칙

인생에서 성공한 사람들을 보면 하나같이 이 잠재의식의 법칙을 실천했던 사람들이다. 만일 당신이 지금 충분히 행복하지 않고, 충분히 부유하지 않으면, 충분히 성공하지 못했다면 그것은 당신이 잠재의식을 충분히 이용하지 못하기 때문이다. 이 책에는 당신이 가고자 하는 성공의 길, 부자가 되는 길, 인생을 한껏 즐길 수 있는 기술이 감추어져 있다.

임어당의 웃음

우리의 심리적 소질 가운데는 진보와 개혁을 저해하는 어떤 요소가 존재하고 있다. 즉 모든 이상을 웃어넘기고 죄악 그 자체조차 인생의 필요한 부분으로 미소로서 바라보는 유머임을 발견한다.
중국인의 특징의 장점과 단점이 흥미진진한 소재와 감동적인 문체로 전해지는 임어당 문학의 진수!

오늘 같은 내일은 없다

동화 속 샘처럼 맑은 영혼을 가진 헤세가 열에 들뜬 내 눈동자에 가까이다가와 옛 노래의 추억을 속삭여 줍니다.
가장 달콤하고 이상적인 충고, 세월이 흐른 지금도 그의 이야기는 멋진 동화책처럼 우리 앞에 펼쳐져 생생하게 되살아납니다.

인디언 우화

동물과 인간의 구분도 없고 생물과 무생물도 구별 할 줄 모르는 그래서 어쩌면 첨단을 달리는 현대과학의 분위기와 맞그대로 간직한 채 우주 속에서 살았던 북아메리카 인디언들의 이야기들은 오늘날 잊혀져버린 인간의식의 고향을 찾을 수 있는 오솔길이 될 것이다.

주역 김승호 ●대하소설

1권/연진인의 천명재판
세상과는 멀리 떨어진 깊은 산, 범상한 신통력과 전생을 간직한 사람들의 마을, 지존한 신선들의 은밀한 행보는 지상으로 향하고, 정마을은 상상조차 할 수 없었던 기이한 사건의 소용돌이 속으로 휘말려 드는데……. 연이은 긴박한 사건 속에 속세에서 폭력에 맞섰던 한 사나이가 정마을로 숨어든다.

2권/평허선공, 염라전에 들다
정마을 촌장의 기이한 행적으로 인한 의문은 쌓여만 가고, 건영이의 신비한 힘이 주역을 통해서 서서히 드러난다. 이 때 천계에서는 우주의 이상현상에 대한 답을 구하기 위해 특사가 파견되지만 요녀들의 방해로 죽임을 당해 뜻을 이루지 못한다. 한편 정마을을 떠난 촌장 풍곡선은 천계에서 심문을 받고…….

3권/종잡을 수 없는 천지의 운행
천계에서 서선 연행이었던 전생의 기억을 회복한 남씨는 숙영이 어머니와의 이루지 못한 슬픈 사랑에 가슴 아파한다. 우주의 이상현상의 하나로 나타난 혼마 강리는 정마을 사람들을 위협하고, 천계의 대선관 소지선은 평허선공을 피해 하계로 숨어 버린다.

4권/단정궁의 중요 회의
우주의 혼란을 바로잡을 방법을 구하기 위해 단정궁에 파견된 특사는 아리따운 총관 본유의 유혹에 넘어가 정력을 소진한 채 자멸하고 만다. 한편 지상에 나타난 혼마 강리는 땅벌파에게 무술을 가르쳐 세상을 지배하려 한다. 그러나 풍곡선의 부탁을 받아 그를 뒤쫓던 검의 명수 좌설과 일전을 치르는데…….

5권/선혈로 물든 인연의 늪
정마을 주변에서는 또 한번의 기이한 일이 발생한다. 빗자루를 든 괴노인이 나타나 닥치는 대로 사람을 죽이고 서울로 향하는 인규를 위협한다. 정마을이 지원하는 조합장측과 혼마 강리가 지원하는 땅벌파 간의 오랜 이권 다툼 끝에 드디어 협상이 이루어져 새로운 전기가 마련된다. 천계에서는 동화궁과 남선부 간에 전쟁이 일어나 아수라장이 되어 버린다.

6권/옥황부의 긴급 사태
건영이는 하루가 다르게 도를 깨우치고 혼마 강리도 극강의 힘을 얻기 위해 땅벌파를 동원해 여체를 찾아 나선다. 그들은 드디어 무척 날쌔며 힘이 장사인 미친 여자를 만난다. 그러나 혼마는 뒤쫓던 좌설과 능인의 일격을 당해 중상을 입는다. 이 결투로 능인도 목숨을 잃을 위기를 당하지만 때마침 천계에서 건영이를 만나러 내려온 염라대왕의 도움으로 살아난다.

7권/여인의 숭고한 질투
빗자루 괴인은 마침내 정마을로 쳐들어오고 이를 미리 알아챈 건영이는 마을 사람들을 산으로 대피시킨다. 건영이는 염파를 보내 괴인을 자신에게로 이끌어 전생에 역성 정우였음을 밝히며 주역에 대한 문답을 나누어 위기를 넘긴다. 한숨 돌린 건영이는 또다시 천계에서 내려온 염라대왕을 만나 우주의 이변에 대해 상세히 진단을 내려준다.

8권/기습당한 옥황상제
좌설과의 결투로 중상을 당한 혼마 강리는 거지 무덕의 덕으로 목숨을 구했을 뿐만 아니라 극강의 힘을 향해 치달렸다. 이에 강리는 조합장측에 도움을 주고 있는 정마을의 위치를 알아내 단번에 섬멸해 버리기 위해 땅벌파들을 지방으로 내려 보낸다. 한편 정마을의 남씨는 전생에 천계에서 친구였던 수지선의 방문을 받는다.

9권/다가오는 정마을의 위기
풍곡선은 평허선공의 추적을 뿌리치기 위해 옥황부의 특사가 되어 요녀들이 들끓는 단정궁으로 향한다. 평허선공은 염라전에 나타나 염라대왕과 일전을 벌이는데……. 지상의 혼마 강리는 드디어 무덕의 신통력으로 극강의 힘을 얻고 정마을 정복하기 위해 땅벌파와 함께 춘천으로 떠난다.

10권/슬픈 운명
정마을로 침투하려던 강리 앞에 수지선이 나타나 결투를 벌인다. 극강의 힘을 발출하며 강물 위에서까지 혈투를 벌인 끝에 강리가 생을 마감하여 바람처럼 사라져 버린다. 한편 천계에서는 평허선공의 사주를 받은 동화궁의 선인들이 옥황부로 쳐들어가고, 살상은 계속되었다. 지상과 천계의 이변을 수습할 방법은 없는 것일까? 그리고 단정궁으로 떠난 풍곡선의 운명은…….

| 협약에 |
| 의하여 |
| 인지를 |
| 생략함 |

대학 행정, 무엇이 문제인가?

1999년 3월 30일 1판 1쇄 인쇄
1999년 4월 10일 1판 1쇄 발행

지은이 / 원종하 · 이대희
펴낸이 / 김영길
펴낸곳 / 도서출판 선영사
본사 / 부산시 중구 중앙동 4가 37-11
전화 / (051)247-8806
서울사무소 / 서울시 마포구 서교동 485-14 영진빌딩 1층
전화 / (02)338-8231,
(02)338-8232
팩시밀리 / (02)338-8233
등록 / 1983년 6월29일 제 카1-51호

ⓒ Korea Sun-Young Publishing Co., 1999
잘못된 책은 바꾸어 드립니다.

ISBN 89-7558-288-4   03330

Sun Young Publishing Co.

Sun Young Publishing Co.